Esther von Krosigk

Glücksorte in Kapstadt

Mit Garden Route

Dieses

Glücksbuch

ist für

Liebe Glücksuchende,

für viele Menschen ist Kapstadt ein Ort, an den man immer wieder zurückkehren möchte, wenn man ihn einmal besucht hat. Der Spitzname „Mother City" kommt nicht von ungefähr, denn Südafrikas älteste Stadt schließt jeden Besucher sofort in die Arme und lässt ihn nicht mehr los. Von den majestätischen Gipfeln des Tafelbergs bis zu den endlosen Küsten, von den städtischen Vierteln mit ihrer pulsierenden Vitalität bis zu den unkonventionellen Open-Air-Märkten bietet Kapstadt eine schier endlose Vielfalt an Eindrücken und Geschichten. Auch die Kunst hat ihren Platz: Kapstadt ist mit seinen Galerien und dem Zeitz MOCAA längst zu einer florierenden Kunstmetropole geworden.
Verlässt man Kapstadt und begibt sich auf die Garden Route, dann eröffnen sich Landschaften, deren überreiche Flora und Fauna einzigartig auf diesem Planeten sind. So kann man unter Kampferbäumen durch verwunschene Gärten schlendern, Höhlen aus der Vorzeit erkunden und über ungeteerte Bergpässe durch wilde Vegetation fahren. Es führen unterschiedliche Wege zur Garden Route und es lohnt, sich eine Strecke nach eigenen Vorlieben auszusuchen. Ich führe Sie mit diesem Buch an völlig unterschiedliche Orte und hoffe, Ihnen überraschende und erfüllende Momente zu schenken.

Ihre Esther von Krosigk

GLÜCK

Deine Glücksorte …

… noch mehr Glück für dich

Frei wie ein Vogel

1 Auf dem Baumpfad im Park von Kirstenbosch

Um im Botanischen Garten von Kirstenbosch zwischen Baumwipfeln zu schlendern und die Vögel beim Füttern zu beobachten, braucht es kein fliegerisches Können. Es gibt schließlich den Boomslang Tree Canopy Walkway, der auf einer Länge von 130 Metern über dichtes Grün führt und ganz neue Ausblicke auf Garten und Wald gewährt. Der Baumpfad ist dem Skelett einer Schlange nachempfunden – das Wort *boomslang* ist afrikaans und bezieht sich auf die Afrikanische Baumschlange, die südlich der Sahara und bis in den Süden Südafrikas sehr verbreitet ist.

Harmonisch fügt sich der Holzsteg in Form einer Natter in das natürliche Umfeld ein und erweckt das Gefühl, als würde man nicht auf ihm gehen, sondern durch die Baumkronen schweben. Leichtigkeit erfüllt das Herz und von dieser magischen Brücke möchte man gar nicht mehr zurück auf den harten Boden der Wirklichkeit. Dabei ist der Untergrund in diesem außergewöhnlich schönen und 36 Hektar großen Park alles andere als hart: Mit etwa 7000 einheimischen Pflanzenarten ist es ein Garten Eden, der die Besucher durch seinen blühenden Reichtum verzaubert. Dafür wurde er auch ausgezeichnet – Kirstenbosch liegt in der Cape Floral Region, auch bekannt als Cape Floristic Kingdom, und erhielt im Jahr 2004 für seine Vielfalt als erster botanischer Garten weltweit den Status als UNESCO-Weltkulturerbe. Begonnen hat einst alles mit Kampfer- und Feigenbäumen, die Cecil John Rhodes, Premierminister der Kapkolonie, hier pflanzen ließ, nachdem er 1895 Kirstenbosch käuflich erworben hatte. Knapp 20 Jahre später, 1913, wurde der Garten zu Füßen des Tafelbergs gegründet und nach und nach erweitert: Ein Arboretum mit 450 Baumarten, Proteafelder mit rosa, lila und cremefarbenen Blüten, ein Farnkrauttal und etliche andere Abteilungen wurden angelegt. Im Jahr 2014 entstand der Boomslang Tree Canopy Walkway, der zu jeder Jahreszeit eine Attraktion ist.

● Boomslang Tree Canopy Walkway im Kirstenbosch National Botanical Garden, Rhodes Drive, Newlands, 7735 Kapstadt, Tel. +27 (21) 7 99 87 83
www.sanbi.org

Wilde Prints, Top-Design

2 Afrikanische Mode bei WAG

Der Labelname WAG gehe auf die Initialen ihres Großvaters zurück, sagt Designerin Sheray Goliath, die ihr erstes Modegeschäft 2003 in Kapstadts Long Street eröffnete. Dort in Downtown befindet es sich inklusive der Schneiderwerkstatt heute noch, aber inzwischen gibt es einen weiteren Shop an der Waterfront. Außerdem führt Sheray einmal im Jahr ihre Kreationen mit den traditionellen afrikanischen Mustern und Farben in Berlin und New York vor – in sogenannten Pop-up-Stores, wo sie temporär eine kleine Ladenfläche mietet. Durch häufige Reisen mit ihren Kindern inspiriert, hegte Sheray seit jeher den Traum, ihre Designs auch außerhalb Afrikas auszustellen. Aber für Fans afrikanischer Mode ist es immer noch etwas Besonderes, die außergewöhnlichen Kleider vor Ort in Kapstadt anzuprobieren. Daher lohnt ein Besuch in der Boutique an der Long Street – bei der großen Auswahl an Kleidung findet sich sicher etwas Passendes, was man gleich am Abend in einem Restaurant in Camps Bay vorführen kann. Die reinen Baumwollstoffe mit den auffallenden Mustern kauft Sheray in verschiedenen Ländern Afrikas, die Fertigung der Kleidung erfolgt in der Long Street von Hand.

Sheray erzählt, dass nicht nur der Name ihres Business einen Bezug zur Familie aufweist, auch die Liebe zur Mode wurde von Generation zu Generation weitergegeben. Schon ihre Mutter und Großmutter waren Schneiderinnen, von ihrer Granny lernte Sheray im Alter von 8 Jahren das Nähen. Gleich nach dem Schulabschluss begann sie mit ihrer kreativen Arbeit. Ihre Tochter führt die Kindermode vor, denn neben einer sehr femininen Kleiderlinie entwirft die Designerin auch Mode für Kinder und Männer. Wer nicht das Richtige an diesem Glücksort entdeckt, für den fertigt Sheray individuelle Kleidungsstücke an – sie liebt es, mit Farben zu arbeiten und die Schnitte auf die jeweilige Person genau abzustimmen.

- WAG Fashion, 64 Long Street, 8001 Kapstadt, Tel. +27 (63) 6 07 88 13
- ÖPNV: Haltestelle Longmarket

In luftiger Höhe

3 Mit der Seilbahn auf den Tafelberg

Ein Besuch am Kap ist erst mit einer Seilbahnfahrt auf den Gipfel des Tafelbergs vollständig. Das rund 5-minütige Hinaufgleiten zum Plateau erfreut sich seit der Eröffnung der Seilbahn im Jahr 1929 großer Beliebtheit und ist mit den um sich selbst drehenden Kabinen ein 360-Grad-Glückserlebnis. Manch einen mag vorab ein mulmiges Gefühl bei der Vorstellung überkommen, dicht gedrängt mit 64 anderen Personen an den 1200 Meter langen Stahlseilen über dem Abgrund zu schweben. Doch keine Sorge – die im Jahr 1997 neu eingesetzten Kabinen sind Schweizer Fabrikate und haben schon viele Millionen Passagiere auf Kapstadts Wahrzeichen befördert, darunter auch so bekannte Persönlichkeiten wie Königin Elizabeth II., Sting, Arnold Schwarzenegger, Tina Turner und Boris Becker.

TIPP
In Kapstadt schlägt das Wetter schnell um. Am besten vorher anfragen, ob die Gondeln fahren.

Aufgrund ihrer runden Form und ihrer Herkunft haben die Gondeln in Kapstadt den Spitznamen „Fonduetöpfe" erhalten. Sie sind moderner und weniger wetteranfällig als die rechteckigen Modelle, die bis in die späten 1990er-Jahre im Einsatz waren. Dennoch wird bei starkem Wind der Verkehr auf dem Tafelberg eingestellt – und das manchmal über Stunden. Ist man bereits oben auf dem Plateau unterwegs und der Wind nimmt zu, dann fordert einen das durchdringende Tuten des Nebelhorns auf, sich sofort zur Gondelstation zu begeben.

Bei klarem Wetter steigt die Freude mit jedem Meter, den es mit der Seilbahn aufwärts geht. Schon bald nach dem Abheben beginnt sich die Gondel sachte zu drehen, und während der gesamten Fahrt bewegt sie sich einmal um die eigene Achse. So wird jedem Passagier ein Blick nach allen Seiten geboten: auf Kapstadts Hausberge, auf weite Teile der Stadt, den Hafen und die Bucht. Einige der Fenster können geöffnet werden, sodass es möglich ist, Fotos ohne Spiegelung zu machen. Die Gondel trägt einen nicht nur in die Höhe, sondern auch weit zurück in die Erdgeschichte – mit über 260 Millionen Jahren ist der Tafelberg eine urzeitliche Erhebung, die sogar älter ist als die Alpen, die Anden und der Himalaja.

● Table Mountain Aerial Cableway, 5821 Tafelberg Road, Table Mountain Nature Reserve, 8001 Kapstadt, Tel. +27 (21) 4 24 00 15
www.tablemountain.net
● ÖPNV: Haltestelle Kloof Nek, ca. 1,5 Kilometer Fußweg

Reiten am Meer

4 Der Long Beach bei Noordhoek

Bekanntlich liegt das Glück dieser Erde auf dem Rücken der Pferde. Zumindest behaupten das alle passionierten Reiter. Dieses Glück lässt sich noch steigern, wenn es hoch zu Ross an einem weitläufigen, menschenleeren Strand entlanggeht. Ob im wilden Galopp oder in einer ruhigeren Gangart – auf einem Ritt durch die Brandung lässt man sich ganz auf das Tier ein und erlebt die Natur aus einem anderen Blickwinkel.

Auf der einen Seite das Meer, auf der anderen Seite die Berge hinterm Chapman's Peak: Für einen Ausflug zu Pferd bietet der 8 Kilometer lange, feinsandige Long Beach, der sich von Noordhoek nach Kommetjie erstreckt, perfekte Voraussetzungen. Es gibt bei dem Örtchen Noordhoek gleich mehrere Reiterhöfe, die Ausritte für erfahrene Reiter wie auch Neulinge im Programm haben. Von Kapstadt aus sind es mit dem Auto nicht mehr als 30 Minuten bis nach Noordhoek, dessen Name „Nordecke" bedeutet. 2-stündige Ausritte werden in der Regel jeden Tag am Morgen und am späten Nachmittag angeboten. Die Pferde sind gut trainiert und scheuen das kühle Atlantikwasser nicht.

Wer sich dennoch unsicher im Sattel fühlt, kann sich von den Pferdeführern an die lange Leine nehmen lassen. Die ausgebildeten Tourenführer sind mit den Tieren vertraut und kennen ihr Wesen und ihre Eigenarten. Wenn ein Pferd Anstalten macht, aus der Gruppe auszuscheren, oder wenn es an Tempo zulegen will, nehmen die Guides die Longe gleich kürzer. Man darf sich also sicher fühlen und den Strandausflug genießen. Der Dunes Kakapo Horse Trail ist ein beliebter Reitweg, auf dem man Delfine und Wale erspähen kann. Ziel des Rittes ist das Wrack des Dampfschiffes Kakapo, dessen Überreste sich am südlichen Ende des Strandes befinden. Vor über 100 Jahren lief das Schiff an dieser Stelle auf Grund, als der Kapitän den Berg Chapman's Peak mit dem Kap der Guten Hoffnung verwechselte.

● Reiten am Long Beach, Noordhoek, 7975 Kapstadt

Aufführung im alten Stil

5 Auf Zeitreise im Labia-Filmtheater

Im Foyer des Labia Theatre, des ältesten unabhängigen Programmkinos Südafrikas, befindet sich eine Gedenktafel mit der Aufschrift: „Dieses Theater wurde von I. H. Prinzessin Labia am Montag, den 16. Mai 1949, eröffnet.“ Das macht neugierig. Ein Kino – von einer Prinzessin eröffnet?

Dazu muss man wissen: Das Labia ist kein gewöhnliches Lichtspielhaus, sondern ein intimes Kino alten Schlags, in dem ausländische Filme, einheimische Meisterwerke und internationale Kassenschlager, Komödien und Frauenfilme gezeigt werden. Im Kontrast zu seinem altmodischen Ambiente ist das Labia mit moderner Technik ausgestattet – es verfügt über digitale Projektion und eine sehr gute Bild- und Tonqualität. Ein Glücksort für Cineasten und Nostalgiker, die sich vor dem Filmgenuss noch mit Popcorn oder Süßem von der Schokoladenbar eindecken können. Damit es beim Filmeschauen so gemütlich ist wie auf dem heimischen Sofa, darf die Tasse Kaffee, das Glas Wein oder der Cocktail zum Kinosessel mitgenommen werden. Überdies gibt es auch sehr preiswerte Kombiangebote für Essen und Kino, beispielsweise den Ocean Basket mit zweimal Fish 'n' Chips sowie zwei Eintrittskarten an 3 Tagen in der Woche.

Einstmals diente das Theater mit seinen insgesamt vier Kinosälen ausschließlich der darstellenden Kunst. Prinzessin Labia, nach der das Kino benannt ist, hieß vor ihrer Heirat mit Prinz Natale Labia schlicht Ida Robinson, sie war die Tochter eines Bergbaupioniers. Ida und ihr Mann standen im diplomatischen Dienst der italienischen Regierung und spielten eine wichtige Rolle auf politischem und wirtschaftlichem Gebiet. Die Prinzessin ließ das Theater angeblich bauen, um der südafrikanischen Regierung dafür zu danken, dass sie ihre Familie während des Zweiten Weltkriegs nach Mussolinis Einmarsch in den unabhängigen afrikanischen Staat Abessinien und der südafrikanischen Drohung mit Sanktionen gegen Italien nicht inhaftiert hat.

- The Labia Theatre, 68 Orange Street, Gardens, 8001 Kapstadt, Tel. +27 (21) 4 24 59 27, www.thelabia.co.za
- ÖPNV: Haltestelle Government Avenue oder Lower Kloof

LABIA
THEATRE TEATER

Pizza grandiosa!

6

Das italienische Restaurant Massimo's

Wer in Kapstadt kennt das Restaurant Massimo's nicht? Oder hat zumindest von den sensationell guten Pizzen gehört, die es dort gibt? Keine Frage, das italienische Lokal ist längst als kulinarischer Glücksort bekannt, denn ohne Reservierung bekommt man hier keinen Platz – obgleich man ein Auto braucht und von der Stadt aus mehr als eine halbe Stunde zu dem Restaurant nach Hout Bay fährt. Doch die Pizzen aus dem glühenden Steinofen sind jeden Kilometer wert: Der Boden ist dünn, die Kruste knusprig, der Belag üppig. Bella Italia am Kap – bereits zweimal wurde Massimo's als beste Pizzeria Afrikas ausgezeichnet.
Und Qualität hat nicht einmal ihren Preis: Die günstigste Pizza kostet nur wenige Euros, die teuerste – dick belegt mit Schinken, Salami und afrikanischer Bratwurst für überzeugte Fleischfans – so viel wie bei uns eine schlichte Margherita. Das Gute: Mit der Bestellung von sogenannten Charity Dishes kann man auch einen Beitrag für wohltätige Zwecke leisten. Ein kleiner Betrag geht dann als Spende an eine Einrichtung zur Rettung von Tieren oder ist für die lokalen Notfalldienste bestimmt.
Dass kommerzieller Erfolg nicht alles ist, erkannte Inhaber Massimo nach Überwindung einer schweren Krankheit im Jahr 2013. Der Italiener aus dem Piemont, der sich 10 Jahre zuvor während eines Kapstadt-Urlaubs in das Land verliebt und wenig später sein Ristorante eröffnet hatte, musste es vorübergehend schließen. Nach der Wiedereröffnung 2014 begannen er und seine Frau Tracy, ihre Charity-Arbeit in das Restaurantkonzept einzubinden. So erwirbt man mit #payitforward ein virtuelles Pizzastück, das jemandem, der in finanzieller Not ist, als reales Essen ausgehändigt wird. Dies ist eine wunderbare Geste in einem Land, in dem die unübersehbare Armut der Bevölkerung einem den Genuss manchmal schwer macht. Ein Glücksort, der einen durch eine kleine Spende am Glück anderer teilhaben lässt.

TIPP

Man sollte unbedingt die Hand Cut Chips ordern – mit Olivenöl geröstete Gemüsestücke.

● Massimo's, Shop 4, Oakhurst Farm Park, c/o Dorman Way and Main Road, Hout Bay, 7806 Kapstadt, Tel. +27 (21) 7 90 56 48
www.massimos.co.za

EXIT
Dolci
Convivialità

Gärtnern in der Stadt

7 Die Oranjezicht City Farm

Landluft schnuppern mitten in der Millionenstadt – das ermöglicht ein Besuch der Oranjezicht City Farm, die im gleichnamigen Stadtteil zwischen schönen viktorianischen Einfamilienhäusern liegt. Man kann das Gelände mit seinen verschiedenen Pflanzen auf eigene Faust erkunden und sich eine kleine Auszeit vom hektischen Stadttrubel gönnen. Es ist aber auch möglich, geführte Touren zu buchen oder an Workshops teilzunehmen. Dabei erfährt man viel Wissenswertes über organischen Lebensmittelanbau und nachhaltige Landwirtschaft.

Die ursprüngliche Farm mit über 180 Hektar Land inklusive Weinanbaugebiet gibt es zwar nicht mehr, doch auf dem Gelände begannen Anwohner vor einigen Jahren, urbane Landwirtschaft zu betreiben. Damals sei es ein schmutziger, verwaister und auch gefährlicher Ort gewesen, an dem viele Obdachlose hausten, erzählt Kurt Ackermann, einer der Mitgründer. Inzwischen ist es ein kultivierter, üppiger Garten, über dem bunte Schmetterlinge tanzen.

Was als kleine private Initiative startete, fand rasch ein großes Echo bei vielen Capetonians. Eine Community bildete sich, deren Anliegen es war, frische Lebensmittel anzubauen und so für eine bessere Lebensqualität zu sorgen. Die Farm konzentriert sich auf nachhaltige und biologische Anbaumethoden und liefert frische Produkte und eine Vielzahl von Kräutern an die lokale Bevölkerung. Auf dem Areal, das bereits im 18. Jahrhundert für den Obst- und Gemüseanbau genutzt wurde, wachsen neben Blumen auch Gemüsesorten wie Brokkoli, Blumenkohl, Grünkohl, Zwiebeln, Kartoffeln und Tomaten.

Insgesamt werden 32 Kleingärten für den privaten Anbau angeboten. Familien oder auch einzelne Personen können die wenige Quadratmeter messenden Parzellen anmieten und mit dem Gärtnern loslegen. Die Verbundenheit mit der Natur verschafft Entspannung und schärft das Bewusstsein, das Verständnis und die Wertschätzung für Lebensmittel. Aber auch ein kurzer Besuch der Farm ist eine Schnellkur für Körper, Geist und Seele.

- Oranjezicht City Farm, 87 Upper Orange Street (Eingang über Homestead Park), Oranjezicht, 8001 Kapstadt, Tel. +27 (83) 5 08 10 66
www.ozcf.co.za
- ÖPNV: Haltestelle Upper Orange

Sport am Meer

8 Auf der Promenade von Sea Point

In Windungen verläuft die kilometerlange Promenade von Sea Point, was sie zu einer abwechslungsreichen Strecke für Jogger, Rad- und E-Scooter-Fahrer macht. Jeder Abschnitt mit den mal breiten, mal schmalen felsigen Strandbuchten verspricht eine andere Sicht auf den lang gezogenen Küstenstreifen. Zudem lässt sich das Street-Workout erweitern: Die Außenpools des Sea-Point-Pavilion-Schwimmbads am Südende der Promenade und eine Fitnesszone mit wetterbeständigen Geräten nahe der Mandela-Skulptur bieten Gelegenheit zum Schwimmen und Trimmen.

Natürlich kann man es auch weniger sportlich angehen und sich bei einem ausgedehnten Spaziergang die frische Seeluft um die Nase wehen lassen. Am Kap ist nicht nur die Tierwelt unterhalb der Meeresoberfläche artenreich, sondern auch oberhalb des Wassers tummeln sich verschiedene Seevögel. Mit etwas Glück und eher in den Wintermonaten als im Sommer trifft man auf Albatrosse, Sturmvögel und Seeschwalben. Ein alltäglicher Anblick sind die Möwen mit ihren schrillen Rufen – der Inbegriff des Meeres und der Brandung. Ausgangs- oder auch Zielpunkt eines Spaziergangs kann der rot-weiße Green-Point-Leuchtturm sein. Er ist der älteste von insgesamt 52 Leuchttürmen an Südafrikas Küste – Zeichen der Hoffnung und Sicherheit.

Auf der gegenüberliegenden Seite der Straße, die parallel zur Promenade verläuft, erheben sich vor dem Hintergrund von Signal Hill klotzige Apartmenthäuser. Bei ihnen handelt es sich zumeist um Relikte aus der Apartheid-Epoche, als der Stadtteil von vielen weißen Kapstädtern besiedelt war. Sie wollten stadtnah wohnen, doch in einem gewissen Abstand zu den Townships der Schwarzen Bevölkerung. In den 1960- und 1970er-Jahren durfte der gesamte Küstenstreifen nur von Weißen benutzt werden. *Tempi passati* – heutzutage ist Sea Point ein *melting pot* (Schmelztiegel), hier leben vor allem viele junge Menschen aus allen Teilen der Welt.

● Sea Point Promenade, z. B. beim Green Point Lighthouse, 100 Beach Road, Mouille Point, 8005 Kapstadt
● ÖPNV: Haltestelle Lighthouse oder Sea Point

Schmökersafari

9 Im Clarke's Bookshop mit Afrikabezug

Ein Buchladen wie Clarke's Bookshop fällt auf der von Restaurants, Bars und Nachtclubs dominierten Long Street kaum auf. Es kann leicht passieren, dass man die belebte Straße entlangschlendert und das mit Büchern ausgelegte Schaufenster glatt übersieht. Betritt man den Eckladen, der sich über zwei Stockwerke erstreckt, taucht man ein in ein Stück literarisches Afrika. Seit den 1970er-Jahren werden vor allem Bücher mit Afrikabezug und Werke von afrikanischen Autoren verkauft. „Die Fokussierung auf Afrika war gar nicht geplant, sondern hat sich allmählich entwickelt. Uns wurden ältere südafrikanische Bücher angeboten und wir haben sie für uns entdeckt. Aus einem einzelnen Regalbrett wurde bald ein ganzer Bücherraum", erzählt Henrietta Dax, die heutige Eigentümerin von Clarke's Bookshop.
Und fraglos hat Südafrika einiges vorzuweisen: Mit den Literaturnobelpreisträgern Nadine Gordimer und J. M. Coetzee hat es gleich zwei Vertreter im Literatenolymp. Andere heimische Schriftsteller wie Damon Galgut, Alan Paton und Zakes Mda wurden ebenfalls international bekannt. Nicht zu vergessen Deon Meyer, dessen Krimis in viele Sprachen übersetzt wurden. Die Nachfrage nach afrikanischer Belletristik ist im vergangenen Jahrzehnt immens gestiegen und so ist dieser Bereich auch in Clarke's Bookshop gewachsen.
Doch es findet sich hier nicht nur Belletristik, sondern Bücher aller Genres können erworben werden. Die Themen reichen von Architektur bis zu den Weinrouten der Umgebung. Daneben werden alte südafrikanische Landkarten und Drucke angeboten. Zwischen den meterhohen Buchstapeln im oberen Stockwerk kann man regelrecht versinken, wenn man sich zum Schmökern in den altmodischen Sesseln niederlässt. Doch nicht nur für Bücherwürmer ist der originelle Shop ein Glücksort, sondern für alle, die sich lesend auf Reisen durchs südliche Afrika begeben wollen.

● Clarke's Bookshop, 199 Long Street, 8001 Kapstadt, Tel. +27 (21) 4 23 57 39
www.clarkesbooks.co.za
● ÖPNV: Haltestelle Dorp

MADIBA
CURRY ME HOME
MICHEL ROUX

Zeitlose Schönheit

10 Auf der Weinfarm Groot Constantia

Südafrika ist bekannt für seine exzellenten Weine – die ersten Reben aus Europa importierten die Niederländer vor langer Zeit. Anfangs gestaltete sich der Anbau etwas glücklos, erst durch die Ankunft der französischen Hugenotten Ende des 17. Jahrhunderts erfuhr der Weinbau am Kap einen Aufschwung. Noch heute kann man das Erbe der französischen Winzer bestaunen: Eine Überlandtour von Weingut zu Weingut ist nicht nur für Feinschmecker das reinste Vergnügen, sondern für alle Schöngeister, die das Zusammenspiel von kultivierter Landschaft und alter Architektur lieben.

Die meisten Farmen mit ihren hellen Häusern liegen malerisch zwischen ausgedehnten Rebenfeldern. Von Kapstadts City aus ist Groot Constantia schnell erreichbar, es befindet sich im gleichnamigen Vorort und ist Südafrikas älteste Weinfarm. Man nimmt an, dass der Name Constantia aus dem Lateinischen abgeleitet ist und „Beständigkeit" beziehungsweise „Standhaftigkeit" bedeutet – zwei Attribute, die Simon van der Stel sehr schätzte. Er war der erste Gouverneur der Kapkolonie und entschied sich 1685 für den Anbau von Weintrauben und die Bewirtschaftung der Farm Groot Constantia. Auf ihn geht die Anpflanzung der vielen Eichen zurück, die noch heute die Schönheit des Tals unterstreichen. Ihr Holz sollte ursprünglich der Herstellung der Weinfässer dienen, aber es stellte sich heraus, dass die Eichen aus Europa am südlichen Kap zu schnell wuchsen und dass ihr Holz für die weitere Verwendung unbrauchbar war.

Nun sorgen die Bäume für die besondere Ästhetik des Ortes. Wenn man durch die Eichenallee geht, gibt es scheinbar keine Zeit, nur das Spiel aus Licht und Schatten. Den Rest des Tages kann man mit Wein und Snacks im Park verbringen. Entweder hat man seinen eigenen Picknickkorb dabei oder man holt sich einen mit verschiedenen Leckereien vorbereiteten Korb bei Simon's Restaurant ab (nur mit 24-Stunden-Vorbestellung). Nostalgie pur!

● Groot Constantia mit Simon's Restaurant, Groot Constantia Road, Constantia, 7806 Kapstadt
www.grootconstantia.co.za, www.simons.co.za

Ganz schön bunt

11 Den Stadtteil Bo-Kaap entdecken

Auf den Ausläufern von Signal Hill und nur wenige Hundert Meter vom Parlament entfernt befindet sich eines der ältesten Viertel der Stadt: Bo-Kaap. Sobald man von der Wale Street kommend die sonnengetränkten bunten Fassaden vor sich hat, ist man fröhlich gestimmt. Die meist einstöckigen Häuser sind wie farbige Würfel aneinandergereiht, Straßenzug um Straßenzug.

Warum aber geht es in diesem Stadtteil so kunterbunt zu? Dazu muss man historisch weit zurückgehen – in die graue Vorzeit der holländischen Kolonie. Im 16. und 17. Jahrhundert brachten die großen Segelschiffe der Niederländischen Ostindien-Kompanie Tausende Sklaven aus Malaysia, Indonesien, Indien und Madagaskar nach Südafrika. Diese Sklaven wurden allgemein als Kapmalaien bezeichnet. Sie durften ausschließlich gedeckte Farben – Braun und Grau – tragen. Nach Abschaffung der Sklaverei demonstrierten sie ihre wiedergewonnene Freiheit durch den Farbenreichtum ihrer Häuser.

Ob tatsächlich alle der auf 200.000 geschätzten Nachfahren der Kapmalaien in Bo-Kaap leben, ist fraglich. Denn inzwischen haben sich auch neue Bewohner in dem muslimisch geprägten Viertel niedergelassen, weil sie die Ästhetik des Ortes schick finden. So sind nach und nach Coffeeshops, Designerboutiquen und kleine Pensionen neben alteingesessenen Handwerksbetrieben und Restaurants entstanden.

Etwas mehr über die Geschichte der Gegend und das Leben der malaiischen Siedler im 19. Jahrhundert erfährt man bei einem Besuch des Iziko Bo-Kaap Museum an der Wale Street. Es ist wie ein muslimisches Haus des vorvorigen Jahrhunderts eingerichtet, man betritt eine andere, eine vergangene Welt. Gleich um die Ecke in der Dorp Street steht die älteste Moschee Südafrikas, die Auwal-Moschee. Sie wurde Ende des 18. Jahrhunderts eröffnet, wahrscheinlich noch vor der von den Briten gewährten Religionsfreiheit. Mit ihrer grünen Fassade reiht sie sich in die farbenfrohe Umgebung ein – für die Öffentlichkeit ist sie jedoch nicht zugänglich.

● Bo-Kaap, 8001 Kapstadt

143

Wo man Braai-Profi wird

12 Die Kochschule Stir Crazy Cooking

Die Kapstädter sind Feinschmecker und die traditionelle Kapküche kennt viele unterschiedliche Einflüsse. Denn Einwanderer und Seefahrer von verschiedenen Kontinenten haben einst ihre Rezepte mitgebracht und der südafrikanischen Küche ihre Vielfalt beschert. Es macht Spaß, dieser kulinarischen Geschichte nachzugehen, indem man selbst den Kochlöffel in die Hand nimmt und neue Rezepte ausprobiert.

Stir Crazy Cooking nahe der Waterfront ist eine der ältesten Kochschulen vor Ort und bietet eine große Palette an Kursen an: von kreolisch über mediterran bis zu südostasiatisch und koreanisch. Für Touristen mag es naheliegend sein, mehr über die lokale Küche zu erfahren, die Aromen der kapmalaiischen, afrikanischen und südafrikanischen Küche enthält. Und natürlich viel Fleisch. Beim sogenannten Braai wird gegrillt, und Braaien ist in Südafrika nicht nur ein geselliges Essen, sondern Kult. Stir Crazy Cooking hat auch Kurse im Programm, bei denen man fachmännisch in die Feinheiten der Fleischzubereitung und des Grillens eingewiesen wird. Bei „Mastering Meats“ befassen sich die Kochschüler mit dem Entbeinen, Filetieren und Zubereiten von verschiedenen Fleischsorten und damit, wie sie über dem offenen Feuer gegrillt werden. Bei „Masterchef Braaimeester“ treten fortgeschrittene Grillprofis gegeneinander an und beweisen ihr Können.

TIPP

Spezielle Events wie Date Night und Ladies Night nicht verpassen!

Jeden Abend ist in den hochmodernen und cool gestalteten Räumlichkeiten etwas anderes los, der Ablauf ist jedoch zumeist der gleiche: Die Kurse beginnen um 18 Uhr und enden gegen 21.30 Uhr mit einem gemeinsamen Essen. Gleich zu Beginn werden die Teilnehmer in Kleinstgruppen zu zweit oder zu dritt aufgeteilt und dürfen ein Rezept auswählen. Dann wird emsig an der Kochstation geschnippelt, zerkleinert, gewürzt – und viel erzählt. Gemeinsames Kochen verbindet und der gute südafrikanische Wein, der ausgeschenkt wird, lockert die Stimmung. Eines ist sicher: Hier geht es nicht nur um Speisen für den Leib, sondern der Abend ist auch Nahrung für Seele und Geist.

- Stir Crazy Cooking, 14 West Quay Road, V & A Waterfront, 8001 Kapstadt, Tel. + 27 (21) 5 01 06 95, www.stircrazycooking.co.za
- ÖPNV: Haltestelle Waterfront Silo

STIR CRAZY
CULINARY ACADEMY

Schicksalhafte Gewässer

13 Im Naturreservat Kap der Guten Hoffnung

Um die gewaltige Landzunge an der südöstlichen Ecke der Kap-Halbinsel – bekannt als Kap der Guten Hoffnung – ranken sich etliche Mythen. Einer davon besagt, dass sie der südlichste Punkt Afrikas ist. Doch dieser Titel gebührt dem etwa 150 Kilometer entfernten Kap Agulhas. Noch ein weiterer Mythos hält sich hartnäckig: nämlich, dass sich genau hier der Atlantische und der Indische Ozean treffen. Das Zusammenfließen der beiden Ozeane geschieht jedoch entlang der südlichen und südwestlichen Kapküste, zwischen Kap Agulhas und Cape Point. Dennoch ist das Meer um das Kap herum durch den nahen Treffpunkt der Ozeane sehr bewegt, ein starker Wind braust um die Klippen.

Seit jeher sind die Gewässer berüchtigt für ihre Tücken und die Seefahrer konnten sich glücklich schätzen, wenn sie das stürmische Kap der Guten Hoffnung umsegelt hatten. Für manchen wurde es zum Schicksal, wie beim „Fliegenden Holländer“: Der Kapitän schwor beim Versuch, das Kap zu umschiffen, dass er bis zum Jüngsten Tag weitersegeln werde. Seine Bitte wurde erhört, obwohl das Schiff sank – seitdem wollen viele Seeleute das Geisterschiff gesehen haben. Die Geschichte gehört ebenfalls zu den maritimen Mythen des Kaps.

Das landschaftlich etwas raue Naturreservat ist für heutige Besucher durchaus ein Glücksort, denn mit ein wenig Kraxeln bietet es wunderschöne Aussichten auf Klippen, Buchten und Strände. Von den zwei berühmten Gipfeln der Kap-Halbinsel überragt der von Cape Point den von Cape of Good Hope. Cape Point hat noch eine besondere Sehenswürdigkeit zu bieten: einen der weltweit größten Leuchttürme auf dem Festland. Den Besuch an der Spitze der zerklüfteten Felsen kann man per elektrisch betriebener Standseilbahn auch bequem gestalten. In einer nur 3-minütigen Fahrt pendelt die Bahn zwischen der unteren und der oberen Station. Ihr Name: Fliegender Holländer! Aber ruhig Blut: Es handelt sich nicht um eine Geisterbahn, sondern um ein reales Transportmittel an Drahtseilen.

● Cape of Good Hope, Cape Point Road, Cape Point Nature Reserve, 8001 Kapstadt

14 Afrikanische Kunst im Irma Stern Museum

Die deutsch-jüdische Künstlerin Irma Stern gilt in Südafrika als bedeutendste Malerin des Landes. Ihre expressionistischen Kunstwerke sind in sämtlichen großen Museen Südafrikas vertreten, bei Auktionen erzielen sie Spitzenpreise. In Deutschland dagegen ist der Name Irma Stern kaum bekannt, obgleich die 1894 in Südafrika geborene Künstlerin ihre Jugend in Berlin verbrachte und Teil der dortigen Künstlerszene war. Ihr wichtigster Förderer war der bekannte Expressionist Max Pechstein. Seit 1920 lebte sie mit ihrer Familie wieder in Kapstadt, doch die Verbindung nach Europa blieb – so beteiligte sich Irma Stern wiederholt an Ausstellungen in verschiedenen Ländern des alten Kontinents.

Was ihren Malstil und ihre Persönlichkeit auszeichnete, kann man in dem nach ihr benannten Irma Stern Museum erfahren. Keine Frage, das ehemalige Zuhause dieser außergewöhnlichen Frau ist mit seinen hellen, einladenden Räumlichkeiten ein Glücksort. Im Atelier befinden sich ihre Staffelei und ihre Malutensilien, als hätte sie gerade eben den Raum verlassen. 4 Jahrzehnte hat Irma Stern in diesem Haus gelebt und künstlerisch gewirkt, hier hat sie auch ihre eigene bemerkenswerte Kunstsammlung aufgebaut, darunter altägyptische und griechische Artefakte, chinesische Keramik und mittelalterliche Kirchenschnitzereien. Mittelpunkt all dieser kostbaren Souvenirs von ausgedehnten Reisen um die halbe Welt ist die umfangreiche Sammlung afrikanischer Kunst. Afrika bildet auch den Mittelpunkt von Irma Sterns eigenem Œuvre. Das Charakteristische ihres Landes und ihres Volkes machte die Künstlerin zu einem Hauptmotiv ihres Schaffens und porträtierte viele aus der Kapregion. Irma Stern wird in ihrem Heimatland als eine der ersten weißen Künstlerinnen europäischen Ursprungs angesehen, die respektvolle Bildnisse von Schwarzen anfertigte, in denen sich viele Einheimische bis heute gewürdigt sehen.

● Irma Stern Museum, 21 Cecil Road, Rosebank, 7700 Kapstadt,
Tel.+27 (21) 6 50 72 40
www.irmasternmuseum.co.za

Hoch hinaus

15 Das Riesenrad an der Waterfront

Hoch in die Luft zu schweben, ist an sich schon ein Glücksgefühl. Aber bei Sonnenaufgang oder -untergang bequem in einer der Gondeln des Cape Wheel zu sitzen und langsam vom Boden abzuheben, ist Glück hoch drei. Bis auf 40 Meter trägt einen das Riesenrad und beim Blick aus der Vogelperspektive auf Granger Bay, Robben Island, das ehemalige WM-Stadion und die Hochhäuser der Innenstadt wird einem noch bewusster, warum Kapstadt zu den schönsten Orten der Welt gezählt wird. Die Capetonians nennen das Riesenrad mit seinen 36 Gondeln liebevoll Cape Town Eye. Tatsächlich ähnelt die weiße Attraktion einer überdimensionierten Pupille, die sich prominent vom Himmelsblau abhebt. Seit 2008 ist das Cape Wheel ein fester Bestandteil der V & A Waterfront und beliebt für besondere Fotomotive. 14 Jahre nach seinem Aufbau zwischen dem Victoria Wharf Shopping Centre und dem Union Castle Square verschwand das Riesenrad von seinem angestammten Platz und hinterließ eine ungewohnte Lücke mitten im geschäftigen Hafen. Es zog nämlich um. 7 Monate später, im Frühjahr 2023, wurde das Cape Wheel jenseits des wuseligen Treibens an der Waterfront und nahe dem offenen Meer am Breakwater Boulevard wieder aufgebaut. Wenn man nach einem Bummel durch die Geschäfte in der Shoppingmall müde Füße hat, ist die Gondelfahrt eine wunderbare Gelegenheit, um mit Abstand das Wimmelbild mit den vielen Menschen im Hafengelände von oben zu betrachten.

Rund 15 Minuten dauert die Fahrt, die sich angenehm gestaltet, denn die Kabinen sind sehr geräumig und klimatisiert. Es besteht auch die Möglichkeit, etwas länger und de luxe unterwegs zu sein. Dafür gibt es die VIP-Kabinen – darin wird der Sonnenuntergang bei einem Sky Dining Picnic inklusive eines Glases Champagner wahrlich zu einer Himmelfahrt.

● Cape Wheel, The Lawns, Breakwater Boulevard, V & A Waterfront, 8001 Kapstadt
www.capewheel.co.za
● ÖPNV: Haltestelle Waterfront

Chin-chin, Gin!

16

Ein Besuch in der Gin Bar

Bevor die Sonne untergeht, strömen die Besucher durch den schmalen Eingang des Honest Chocolate Café. Doch nicht etwa, um einen spätnachmittäglichen Kakao einzunehmen, sondern für den ersten Sundowner am Abend. Vorbei geht es an der Theke mit delikaten Pralinés, Brownies und Schokokuchen in den mediterranen Innenhof mit seinen unverputzten Steinwänden und dem gemusterten Fliesenboden. Bereits am frühen Abend sind die Stühle und Bänke besetzt, der Hof ist erfüllt von Stimmen, Lachen und leiser Barmusik. Die Gin Bar – vor wenigen Jahren noch ein Geheimtipp – ist längst zu einer der beliebtesten Bars der Stadt avanciert.

Für Gin-Liebhaber ist sie ein Eldorado, um bekannte internationale Gin-Sorten von „Bombay Sapphire" bis „Monkey 47" zu genießen und spezielle südafrikanische Gins zu probieren. Auf der Karte mit mehreren Dutzend verschiedener Wacholderschnäpse finden sich so verheißende Namen wie „Hope African Botanical", „Malachite" und „Monks Mysterium". Sie alle werden an der Bar im hinteren Teil des denkmalgeschützten Gebäudes ausgeschenkt, zur Auswahl stehen auch Whisky, Tequila und Cocktails. Im kleinen, kerzenerleuchteten Raum nebenan, der Bubbly Bar, können Sekt und Champagner von einheimischen Herstellern gekostet werden.

Auch wenn die Qualität hervorragend ist – übertreiben sollte man es mit dem Trinken nicht. Der Ort erinnert schließlich an die eigene Vergänglichkeit: Einst diente das Gebäude als Leichenhalle. Die Bubbly Bar war der Raum, in dem die Verstorbenen einbalsamiert wurden. Doch hat der Gin mit seiner Basis an destillierten Kräutern nicht auch etwas Heilsames? Das Deckblatt der Getränkekarte klärt darüber auf, welcher Gin bei welchem Wehwehchen hilft: Der „Geometric Gin" und der „Star Anise" sollen etwa wirksame Therapeutika bei Kopfschmerzen und wenig Selbstbewusstsein sein. Na dann: Cheers!

● The Gin Bar (hinter Honest Chocolate Café), 64 a Wale Street, 8000 Kapstadt, Tel. + 27 (71) 2 41 22 77, www.theginbar.co.za

● ÖPNV: Haltestelle Leeuwen

Seehunde ahoi!

17 Mit dem Boot nach Duiker Island

Robben gehören zu Südafrikas Tierwelt wie Strauße, Pinguine und Dassies. Manchmal sieht man einzelne Exemplare der bis zu 150 Kilogramm schweren Seehunde auch im Wasser oder an den Decks der Boote an der Waterfront. Das ganze Jahr über tummeln sich Tausende der Meeressäuger auf Duiker Island, einer kleinen Felseninsel vor Hout Bay. Ein Bootsausflug zu der Robbenkolonie, die mit zu den größten der südlichen Hemisphäre zählt, ist eine vergnügliche Spritztour. Allerdings sollte man nicht zu hohe Erwartungen haben: Auf dem etwa 1-stündigen Ausflug bekommt man die Kap-Pelzrobben nur etwa eine Viertelstunde zu Gesicht. Nähert sich das Boot der Kolonie, gleitet es langsam durch die schwimmenden Körper im Wasser und entlang der 1500 Quadratmeter großen Robbeninsel, wo die Tiere dicht an dicht auf den Steinen faulenzen. Mit ein bisschen Glück ist gerade Wurfzeit und man kann die Jungtiere dabei beobachten, wie sie nahe bei der Mutter schwimmen lernen.

Robben hin oder her: Die Rundfahrt durch die Bucht ist an sich schon herrlich, vor allem an sonnigen Tagen. Vom Wasser aus hat man einen tollen Blick auf die schroffe Küstenregion mit dem Chapman's Peak Drive – die knapp 10 Kilometer lange Küstenstraße ist zweifelsohne eine der eindrucksvollsten Straßen Südafrikas, wenn nicht sogar der ganzen Welt. Sie schlängelt sich an der fast senkrechten Wand des Chapman's Peak entlang, der im Osten der Bucht liegt. Die Straße ist ein technisches Wunderwerk – herausgehauen aus dem 630 Millionen Jahre alten Kap-Granit mit gefährlich steilen Klippen und Schluchten. Am westlichen Ende der Bucht erhebt sich der 331 Meter hohe Mount Sentinel.

Die gesamte Landschaft bis nach Noordhoek kann man bei der Bootsfahrt in Ruhe auf sich wirken lassen, während man die Nase in den Wind hält und die frische Seeluft genießt – Momente der Vollkommenheit.

- Bootsfahrt nach Duiker Island, Abfahrt im Hout Bay Harbour, Harbour Road, 7806 Kapstadt
- ÖPNV: Haltestelle Atlantic Skipper oder Hout Bay

Glück für die Ewigkeit

18

Das Kapellchen der Villa Maria

An manchen Orten senkt sich der Himmel auf die Erde herab. Das sind von Gott gestiftete Glücksorte. Ein solcher ist die kleine Schönstattkapelle in dem exotischen Garten der Villa Maria. Sie ist die einzige Kirche in ganz Kapstadt, die tagsüber geöffnet ist, damit Besucher in stiller, geweihter Atmosphäre Ruhe finden und beten können. „Es kommen jeden Tag Menschen, denen unsere Kapelle auf Spaziergängen oder vom Bus aus auffällt und die mehr über die Villa Maria erfahren möchten. Oder die einfach vor dem Bild der Muttergottes innehalten wollen", erzählt Schwester Anne Marie. Die Bushaltestelle Ludwig's Garden befindet sich direkt vor dem schmalen schmiedeeisernen Tor, durch das man auf das Grundstück schlüpfen kann.

Das weitläufige Areal, auf dem die Kapelle steht, stammt aus den 1920er-Jahren und kündet mit seiner historischen Bauweise von vergangenen Zeiten. Es liegt leicht hügelaufwärts im gutbürgerlichen Stadtteil Tamboerskloof – vom üppig bewachsenen Garten der Villa hat man einen weiten Blick auf die Stadt.

Das großflächige Haus beherbergt bis zu 40 Studentinnen aus aller Welt. Jede hat ein kleines Zimmer für sich zum Leben und Studieren, nur von Ferne sind die Geräusche der quirligen Stadt zu hören. Geführt wird das Wohnheim von Schwestern der römisch-katholischen Schönstattbewegung, die ihren Ursprung in Deutschland hat und inzwischen in vielen Ländern vertreten ist. Kapellen wie die auf dem Grundstück der Villa Maria sind dem Urheiligtum in Vallendar-Schönstatt architektonisch nachempfunden. Mittelpunkt des Innenraums ist immer der hölzerne Hochaltar mit einem Bildnis von Maria mit dem Jesuskind – einer Darstellung des italienischen Malers Luigi Crosio mit dem Titel „Zuflucht der Sünder".

Ein kleiner, stiller Wallfahrtsort am südlichen Ende Afrikas. Wer hier auf den Kirchenbänken sitzt, vergisst Zeit und Ort und taucht ein in das Glück der Unendlichkeit.

● Villa Maria Ver Sacrum Shrine, 3 Kloof Nek Road, Gardens, 8001 Kapstadt
www.villamariact.co.za
● ÖPNV: Haltestelle Ludwig's Garden

servus mariae nunquam peribit
ALTAR AREA
ALARMED

Aufs Brett, fertig, los!

19 Surfen am Strand von Muizenberg

Einer der beliebtesten Strände am Kap ist der von Muizenberg – ein 32 Kilometer langer Küstenstreifen mit feinem weißem Sand. Populär ist er vor allem bei Surfern. Sie treffen sich meist an den Wochenenden am Sunrise Beach, der östlich von den grellbunten Badehäuschen liegt. Diese als Edwardian Beach Houses bekannten Holzhäuser sind nicht nur ein attraktives Fotomotiv, sondern dienen als Umkleidekabinen, um in die Schwimmkleidung oder Neoprenanzüge zu schlüpfen.
Vor allem für Surfanfänger ist dieser Abschnitt an der False Bay besonders geeignet. Es weht ein konstanter und auflandiger Wind, die Wellen sind meist kleiner als an anderen Spots. Ein weiteres Plus ist die Wassertemperatur, die im Schnitt 5 Grad wärmer ist als auf der Atlantikseite. Der perfekte Ort, um eine neue Wassersportart auszuprobieren, doch mit einem kleinen Wermutstropfen: In der Bucht gibt es viele Haie. Wenn die weiße Flagge am Strand gehisst wird, bedeutet das: Hai gesichtet, bitte unverzüglich aus dem Wasser kommen! Keine Sorge: Die Muizenberger kennen sich mit dem Meer und seinen Gefahren aus. Denn seit über 100 Jahren werden hier die Wellen bezwungen. Surfshops, die auf den Verleih von Brettern und anderem Zubehör rund um den Wassersport spezialisiert waren, gab's von Anfang an. Eine ihrer prominentesten Kundinnen war Agatha Christie. Die „Queen of Crime“ kaufte 1922 vor Ort ein Surfbrett mit gebogenen Enden und nannte es Fred. Damit glitt sie über das Wasser vor Muizenberg, denn sie hatte das Wellenreiten für sich entdeckt. Angst vor Haien? Keineswegs, die Erfinderin von Miss Marple schrieb in ihrer Autobiografie über ihre Sportleidenschaft, die sie mit ihrem Mann teilte: „Wann immer wir uns freinehmen konnten, fuhren wir mit dem Zug nach Muizenberg, holten unsere Surfbretter und gingen gemeinsam surfen.“

- Muizenberg Beach, Beach Road, 7950 Kapstadt
- ÖPNV: Bahnhof Muizenberg

Auf Schnäppchenjagd

20 Im Secondhandshop Kaap Diem

Secondhandläden sind in Kapstadt schwer in Mode. Ein besonders ausgefallener Fashionshop ist Kaap Diem, dessen Name doppelsinnig ist: Zum einen bezieht er sich auf den Standort, das Viertel Bo-Kaap, und zum anderen auf die lateinische Sentenz *Carpe diem* (Nutze den Tag). Besitzerin Robyn Uria, die im Hauptberuf Schwimmlehrerin ist, hat ihr Thrifting-Geschäft während der Coronazeit eröffnet und betreibt es mit Leidenschaft: „Ich denke, dass Mode, die sich in gutem Zustand befindet und zuvor geliebt wurde, immer einen Platz in einem neuen Zuhause hat. Ein zweiter Aspekt ist: Indem preisgünstige, recycelte Kleidung weitergegeben wird, tragen wir unseren Teil dazu bei, die Umwelt weniger zu belasten und etwas für unseren schönen Planeten zu tun.“ Robyn nimmt daher nur qualitätvolle Kleidungsstücke an und keine Fast-Fashion-Marken wie etwa Zara oder Mango. Wichtig ist ihr auch das soziale Engagement: Sie unterstützt die Bo-Kaap-Community und schenkt Kinderkleidung an bedürftige Familien in der Nachbarschaft.

Wer bei Kaap Diem ein wenig Zeit zum Suchen und Anprobieren mitbringt, der ergattert an diesem Glücksort immer wieder erstaunliche Schnäppchen: Designersachen gibt es schon für 10 oder 15 Euro. Aber auch Röcke, Hosen oder Blusen nicht so bekannter Marken finden glückliche Abnehmer, die dafür teilweise noch weniger zahlen. Umgekehrt sieht Robyns Konzept vor, dass Kunden für die Abgabe von gebrauchter Kleidung einen Gutschein oder 50 Prozent vom Verkaufspreis in bar erhalten.

In den schmalen Räumlichkeiten sind die Kleidungsstücke nach Farben sortiert und entlang der Wände aufgereiht. Kommt man zu zweit oder zu dritt, kann es sich die Freundin oder der Partner auf dem ausladenden Sofa mit einem Getränk gemütlich machen, während man selbst die Ware in Ruhe anprobiert. Gemäß dem Motto: *Carpe diem* und tue dabei noch Gutes!

- Kaap Diem, 92 Wale Street, Bo-Kaap, 8001 Kapstadt
- ÖPNV: Haltestelle Church

Fish & Chips & Kunst

21

Am quirligen Hafen von Hout Bay

Das Wort *hout* ist afrikaans und bedeutet „Holz". Denn der südlich von Kapstadts City gelegene Fischerort Hout Bay war einst von dichten Wäldern umgeben, die Jan van Riebeeck auf seiner Expedition 1653 als die schönsten der Welt bezeichnete. Die ersten Siedler an der Bucht konnten damit ihren Holzbedarf ausreichend decken und so kam es zu dem Namen. Noch heute sind die Einwohner der 18.000-Seelen-Gemeinde sehr stolz auf ihre kleine Welt und sprechen mit einem Augenzwinkern von „The Republic of Hout Bay". Zwar sind die üppigen Wälder verschwunden, doch die natürliche Schönheit der Bucht – umgeben von Karbonkelberg, Mount Sentinel und Constantiaberg – hat sich erhalten.

Der Hafen mit seiner lebendigen Atmosphäre darf als Glücksort daher nicht fehlen. Als Ausgangspunkt einer Sightseeingtour eignet sich die Anlegestelle der Kutter, wo man den Fischern beim Ausladen und Verarbeiten ihres Fangs zuschauen kann. Wenn das den Hunger auf frische Meerestiere weckt, ist der Pier einer der besten Plätze des Landes, um sich in eine der Schlangen vor den Fish-and-Chips-Buden einzureihen. Die edlere Variante, um Langusten, Thunfisch und Muscheln zu sich zu nehmen, ist das Seafood-Lokal The Lookout Hout Bay mit seiner Panoramasicht auf das Hafenbecken.

Das lebhafte Setting direkt am Meer ist auch ein Ort der Künstler und Galerien – die Fine Art Africa Gallery präsentiert in einem riesigen Showroom die Werke zeitgenössischer afrikanischer Kunstschaffender. Vor der Halle kann man einen Zoo teils lebensgroßer heimischer Tiere bestaunen, der von den Mutasa-Brüdern aus alten Autoreifen, Metallmüll, Glas und vielen anderen Materialien sehr realistisch gestaltet wurde. Aus wenig ganz viel erschaffen – darauf verstehen sich afrikanische Künstler. Ein Muss am Wochenende ist der Bay Harbour Market. Er vereint betriebsames Marktgeschehen mit musikalischer Unterhaltung und kulinarischen Besonderheiten von Sushi über türkische Falafel bis hin zu Austern und ausgefallenen Süßwaren.

- Hout Bay Harbour, Harbour Road, 7806 Kapstadt
- ÖPNV: Haltestelle Atlantic Skipper oder Hout Bay

GYPSY ROSE
CAPE TOWN

Glück auf vier Beinen

22 Hundevermittlung WOOF Project

Streicheln, schmusen, knuddeln. Gleich neben dem Time Out Market befindet sich der Container des WOOF Project. Davor warten unter einem halben Dutzend Schirmen kleine und große, weiße, schwarze, braune und gescheckte Hunde auf neue Besitzer. Geduldig sitzen oder liegen die Tiere auf ihren schattigen Plätzen, blicken die Vorbeigehenden mit sanftem Blick an und so geschieht ein erstes Anbandeln. Kinder beginnen, die niedlichen Tiere zu liebkosen, und vielen Erwachsenen schmilzt bei diesem Anblick ebenfalls das Herz. Auch wenn man sich nicht zu einer Hundeadoption entschließen kann, ist dies ein Glücksort: Die Tiere erhalten Zuwendung und die Menschen genießen sichtlich das Zusammensein mit den Tieren.

Und wer hat diese Art von Blind Date initiiert? Niemand anders als ein Hund, nämlich Oscar. Er gehörte Joanne Lefson, der Gründerin von WOOF Project. Sie hatte Oscar 2004 aus einem Tierheim gerettet und machte ihn fortan zum Botschafter für ihre Mission: verlassenen Hunden ein neues Zuhause zu geben. Gemeinsam reisten Frauchen und Hund durch 45 Länder, bestiegen die Große Mauer in China und den Machu Picchu, segelten auf dem Amazonas und warben weltweit für Adoptionen von Vierbeinern: „Wir wollten Menschen überall klarmachen, was für großartige Gefährten Hunde sind“, erzählt Joanne.

Daraus entstand „Oscars Arc“ mit dem WOOF-Project-Container, der sich mindestens 6 Monate im Jahr an der Waterfront befindet. Tausende Hunde fanden durch die Initiative neue Besitzer, täglich aktualisiert eine Anzeigetafel am Container die Anzahl der adoptierten Tiere. Vier feste Mitarbeiter und eine Reihe von ehrenamtlichen Helfern unterstützen Joanne bei ihrem ambitionierten Projekt. Zwischen Shoppingmall und Restaurants, zwischen Kaufen und Konsumieren ist hier ein Platz für Gefühle entstanden – auch wenn es nur ein paar Minuten sind, in denen man zu den Tieren spricht, sie krault oder vielleicht sogar eine Runde mit ihnen am Wasser dreht.

● WOOF Project, Dock Road, Pier Head, V & A Waterfront, 8001 Kapstadt
www.woofproject.eu
● ÖPNV: Haltestelle Aquarium

ADOPT ME

Den Löwen bezwingen

23

Wanderung auf den Lion's Head

Weltweit gibt es wohl kaum eine zweite Metropole, von deren Innenstadt aus das Ziel einer Bergwanderung so leicht anvisiert und in relativ kurzer Zeit zu Fuß erreicht werden kann. Eingebettet zwischen den drei Hausbergen Tafelberg, Signal Hill und Lion's Head liegt Kapstadts Innenstadt, genannt City Bowl. Während der Aufstieg zum Tafelberg mehrere Stunden in Anspruch nimmt, kann der Lion's Head in einer Nachmittagstour erklommen werden.

Von der Innenstadt aus ist ein Fußmarsch beispielsweise quer durch das hübsche Wohnviertel Oranjezicht möglich. Dabei erhält man einen Eindruck, wie herrschaftlich es sich in Kapstadt leben lässt und wie massiv der Besitz mit hohen Toren, Stacheldraht und Alarmanlagen geschützt werden muss. Die eigentliche Wanderung hinauf auf knapp 670 Meter Höhe nimmt am Kloof Nek ihren Anfang und dauert 2 bis 3 Stunden. Der ausgeschilderte Jeep Track ist zunächst ein breiter Spazierweg und steigt dann spiralförmig zur Spitze des Lion's Head auf. Eine Legende besagt, dass vor rund 300 Jahren ein aggressiver Löwe hier sein Unwesen trieb und der Berg seitdem so heißt. Wahrscheinlicher jedoch ist, dass er seinen Namen aufgrund seiner Form hat – der Lion's Head und der sich anschließende Signal Hill ähneln einem kauernden Löwen oder einer Sphinx.

TIPP

Bei Vollmond ist es Brauch, den Lion's Head mit Fackeln und Lampions zu erklimmen.

Etwa ab der Hälfte des Weges eröffnet sich eine spektakuläre Aussicht: hinab auf die Stadtteile Clifton und Sea Point, auf Robben Island im glitzernden Ozean sowie die gesamte City Bowl. Die Redensart vom Weg als Ziel erhält hier eine neue Bedeutung. Warum sich nicht auf einen der Felsblöcke am Rand setzen und den Augen ein wenig Urlaub gönnen? Zumal die letzten 40 Minuten des Aufstiegs aus Kletterei bestehen. Zwar sind Leitern und Ketten vorhanden, um sich hochzuarbeiten, doch sollte man auf jeden Fall schwindelfrei sein. Also lieber haltmachen. Dieser Berg lehrt einen, dass es zum Glücklichsein gar keiner großen Anstrengung bedarf.

● Lion's Head, Signal Hill Road, Signal Hill, 8001 Kapstadt
● ÖPNV: Haltestelle Kloof Nek

Rast am Elefantenauge

24

Im Naturschutzgebiet Silvermine

Von Kapstadt aus ist dieser Glücksort in herrlicher Natur in einer 20-minütigen Autofahrt gut erreichbar: Man folgt der malerischen Ou Kaapse Road zwischen den Bergen von Constantia und Noordhoek, eine Abzweigung führt schließlich zum Silvermine Nature Reserve. Seit 1988 ist das Reservat Teil des Tafelberg-Nationalparks, um die einzigartige und vielfältige Natur mit ihrem großen Fynbos-Vorkommen zu schützen. Aber auch die Fauna ist reichhaltig: Es wurden schon Luchse, Paviane, Stachelschweine und Ginsterkatzen gesichtet. Ebenfalls lohnt ein Blick in luftige Höhen, um Milane, Bussarde oder sogar den majestätischen Schwarzadler zu erspähen.

Neben Hiking- und Mountainbikestrecken lädt ein wohltemperierter See im Silvermine Nature Reserve zum Schwimmen ein. Also auf keinen Fall die Badesachen vergessen, wenn man zu diesem Glücksort aufbricht! Bevor man in den See steigt, kann man ihn auf einem halbstündigen Spaziergang umrunden. Eine längere Wandertour führt zum Elephant's Eye und dauert hin und zurück etwa 2,5 Stunden – die anschließende Abkühlung im Wasser fühlt sich wunderbar an, bevor es zurück in die Stadt geht.

Der Name Elephant's Eye rührt daher, dass dieser massige Berg die Form eines Elefantenkopfes hat, mit einer Höhle genau an der Stelle, wo sich bei einem Dickhäuter das Auge befindet. Die Route zur „Augenhöhle" ist für Wanderfreunde jeden Erfahrungslevels geeignet – auch Ungeübte werden den Hike, der größtenteils auf einer Schotterstraße verläuft, problemlos bewältigen können. Baumgruppen begrenzen den Weg und das Glucksen des Prinzkasteelbachs ist eine beruhigende Wandermelodie; das Laufen wird so zu einer Art Meditation. Immer wieder kommt man zu Aussichtspunkten, die den Blick auf die Cape Flats und die False Bay mit ihren Weinanbaugebieten und dem Blau des Ozeans in der Ferne freigeben. Bei einem Picknick an der Höhle kann man sich kaum sattsehen an dieser Schönheit.

TIPP

Das Reservat ist zweigeteilt – Gate 1 ist Startpunkt für die Elephant's-Eye-Wanderung.

● Silvermine Nature Reserve, Noordhoek Peak, Ou Kaapse Road, 7945 Kapstadt

Glücklich, wer frei ist

25 Das alte Rathaus am Grand Parade

Die City Hall im Stil der italienischen Neorenaissance ist eines der Wahrzeichen Kapstadts, allerdings fungiert sie schon seit Jahrzehnten nicht mehr als Rathaus – die Ämter sind im Cape Town Civic Center untergebracht. Dennoch ist das alte Gebäude in der Darling Street ein besonderer Ort, denn die Schwarzen verbinden damit ihren Weg in die Freiheit: Am 11. Februar 1990 hielt der nach 27 Jahren aus der Haft entlassene Nelson Mandela seine erste öffentliche Rede vom Balkon des alten Rathauses. 10.000 Menschen jubelten ihm zu, seine Worte wurden von den Medien in die ganze Welt verbreitet. Er begann mit „Amandla! Iafrka! Mayibuye!“, zu Deutsch: „Macht dem Volk!“
Es war Mandelas ausdrücklicher Wunsch, zum ersten Mal in Kapstadt wieder als freier Mann vor die Öffentlichkeit zu treten, obgleich er aus Johannesburg stammte. Doch durch die lange Haft auf Robben Island und in anderen Gefängnissen der Stadt fühlte er sich am Kap beheimatet, wie er dem damaligen Staatspräsidenten Frederik Willem de Klerk erläuterte, als dieser ihn 2 Tage vorher über seine Freilassung informierte.
Eine enorme Spannung muss über dem Grand Parade gelegen haben, als Nelson Mandela an jenem 11. Februar erschien. Das Auto, in dem er mit seiner Frau Winnie saß, wurde von Menschen umringt, die an die Scheiben und auf das Dach klopften und in ihrem Enthusiasmus sogar auf den Wagen sprangen. Viele Beteiligte und Zuschauer fürchteten, dass das Ereignis außer Kontrolle geraten und Mandela in ernste Gefahr geraten könnte. Doch – ein Glück – alles ging gut. Heutzutage erinnern eine Statue Mandelas auf dem Balkon und eine Dauerausstellung im Innern der City Hall an diesen großen Tag. Die Ausstellung beleuchtet zudem die Ereignisse bis zu Mandelas Freilassung und den Übergang zur Demokratie. Ein Hauch der jüngeren Geschichte Südafrikas umweht diesen Glücksort.

- City Hall, Darling Street, 8001 Kapstadt
- ÖPNV: Haltestelle Darling oder Groote Kerk

Viktorianische Esszimmer

26 Speisen im Restaurant Kloof Street House

Plüsch, wohin das Auge blickt. Üppige Samtmöbel in dunklen Farbtönen und mit Kissen bestückt, an der Decke Stofflampen mit langen Troddeln, dazu goldumrandete Wandspiegel, in denen sich die metallenen Leuchter spiegeln. Keine Frage: Das Kloof Street House ist opulent und extravagant ausgestattet. Es ist schwer zu sagen, ob man sich hier in einer von Vintage-Design geprägten Umgebung von hohem gestalterischem Niveau befindet oder ob der Eigentümer einfach ein Faible für antike, teils kitschige Sammlerstücke hat.

Nichtsdestotrotz ist es ein sehr gemütlicher Glücksort. Als Gast fühlt man sich in diesem prächtigen viktorianischen Haus wie im Wohnzimmer von Freunden – man möchte aufstehen und noch schnell Kerzen und den Kamin anzünden, ehe man sich dem hervorragenden Essen zuwendet. Genussmomente versprechen gleich zu Beginn frische Salate und Starters wie das Chalmar-Rinderfilet-Tatar mit geräuchertem Tomatenchutney. Bei den Hauptspeisen führen Fleischgerichte von Rind und Lamm die Liste an, aber zur Auswahl steht auch das beliebte Straußenfleisch, das ebenfalls sehr schmackhaft ist. Es wird mit sautiertem Gemüse, Süßkartoffeln und Vollkornsenfpüree serviert und ist mit knusprigem Parmaschinken überbacken. Doch nicht nur Fleischfreunde kommen auf ihre Kosten, denn auf der Karte finden sich auch köstlich zubereiteter Lachs und gegrillter Kingklip, der an den Küsten Südafrikas vorkommt. Nicht zu vergessen: Speisen kann man auch draußen im kleinen Vorgarten und in behaglichen Sesseln im überdachten Außenbereich im hinteren Teil des Restaurants. In Kapstadt ist es üblich, ein frühes Abendessen zwischen 17 und 18 Uhr einzunehmen – die Restaurantküchen schließen oft schon um 21 Uhr. Danach geht man über zu den exzellenten Cocktails, für die das Kloof Street House bekannt ist. Der „Pornstar Martini" ist einer der populärsten Drinks und eignet sich als wunderbarer Absacker, den man im pflanzenüberwucherten Garten zu sich nimmt. Urbanes Glück unter Palmen.

TIPP

Sonntags spielt eine Jazzband zur Lunchtime.

● Kloof Street House, 30 Kloof Street, Gardens, 8005 Kapstadt, Tel. +27 (21) 4 23 44 13
www.kloofstreethouse.co.za
● ÖPNV: Haltestelle Lower Kloof

Eiskaltes Vergnügen

27

In der Grand West Casino and Entertainment World

Quasi mitten auf der grünen Wiese, etwa 15 Kilometer vom Stadtkern entfernt, erhebt sich die GrandWest Casino and Entertainment World mit ihrem gelb getünchten Haupthaus im viktorianischen Stil. Die Architektur ist nur eine Kopie, denn der Komplex wurde erst vor einigen Jahren von einer südafrikanischen Unternehmensgruppe hochgezogen und innen wie außen aufwendig inszeniert. Schon die begrünte und von meterhohen Palmen umrahmte Zufahrt bildet einen auffälligen Kontrast zur tristen Umgebung. Hat man für die Anfahrt den Weg durch das ehemalige Industrieviertel Woodstock gewählt, reihen sich entlang der Straße riesige Fleischerhallen und verkommene Autowerkstätten. Doch die schöne Metropole am Südzipfel der Welt besteht aus Gegensätzen – diese zeigen sich auch hier.

Mit dem Eintreten in die Vergnügungswelt in Goodwood lässt man die Realität und auch die Zeit hinter sich, denn man kann sich hier rund um die Uhr amüsieren. Die überdachte Miniaturstadt besteht aus zwei Hotels, einer Grand Arena für Konzerte, mehreren Restaurants, Bistros und Kinos. Das Herzstück bildet das Spielcasino, wo an 66 Spieltischen und über 1700 Geldspielautomaten das große Glück wartet – oder auch nicht.

Wer den allgegenwärtigen Werbeversprechen vom schnellen Reichtum widerstehen kann, findet eine andere Art von Glück gleich hinter der Spielbank. Denn dort liegt die Eishalle. Man erreicht sie über eine Art Marktplatz, der von nachgebauten Häuserfassaden begrenzt wird. Im niedrigen Eintrittspreis ist das Ausleihen der Schlittschuhe inklusive. Um die passende Schuhgröße zu ermitteln, muss man seinen linken Schuh abgeben, den die Verleihstelle bis zur Rückgabe der Schlittschuhe als Pfand einbehält. Dann geht es auf die ovale Eisfläche, die sehr gepflegt und spiegelglatt ist. Auf ihr ziehen bei hipper Hintergrundmusik die Hobbyeisläufer in lockerer sommerlicher Kleidung ihre Runden. Bei über 30 Grad Außentemperatur ist der Wintersport ein herrlich abkühlender Zeitvertreib.

● GrandWest Casino and Entertainment World, 1 Jakes Gerwel Drive, Goodwood, 7460 Kapstadt, Tel. +27 (21) 5 05 77 77
www.suninternational.com/grandwest

Grüne Stadtinsel

28 Pflanzenparadies im Green Point Park

Kapstadt verfügt aufgrund etlicher Parks über sehr viel Grün, wobei jede Parkanlage ihren ganz eigenen Charakter hat. Um die subtropische Pflanzenwelt zu erkunden, ist der Green Point Park ein idealer Ort. Sein Biodiversitätspfad mit interaktiven Tafeln informiert über die typischen heimischen Pflanzen, von denen viele nirgendwo sonst auf der Welt vorkommen. Zu diesen gehören die krautigen Fynbos, die Tausende Farn- und Blütenpflanzenarten ausbilden, darunter die King Protea, die Nationalblume von Südafrika. Sie besitzt silbrig-rote, weiße und gelbe Blütenblätter – die Farbenpracht ist einzigartig. Der sonderbare Name Fynbos stammt vom niederländischen *fijnbosch,* was mit „feingliedriges Gebüsch" übersetzt werden kann. Die meisten der Fynbos-Pflanzen mit ihren schmalen, lederartigen Blättern haben die Eigenschaft, mit nur wenig Wasser auszukommen, aber prachtvolle Blüten in allen Farbnuancen hervorzubringen.

Der Green Point Park, der sich zwischen der Küstenlinie und der Innenstadt und vor der Kulisse des Kapstädter Stadions erstreckt, ist übrigens ein Vermächtnis der FIFA-Weltmeisterschaft 2010. Seine Geschichte reicht jedoch noch viel weiter zurück: Ursprünglich wurde er von den holländischen Siedlern als Viehweide und später von den Briten für Pferderennen genutzt. Bei einem Spaziergang entlang der Wassergebiete, die von den Quellen des Tafelbergs gespeist werden, kann man nicht nur die Flora bewundern, sondern auch Wasservögel beim Tummeln beobachten. Der Park ist geschickt angelegt, mit verschiedenen Bereichen, die für jeden Besucher etwas bieten: Spielplätze für Kinder, ein Labyrinth in einer Zen-Landschaft, großzügige Rasenflächen für Fußballspieler sowie breite, von Bäumen gesäumte Wege. Überall findet sich eine hübsche Ecke für ein perfektes Picknick mit Aussicht auf den Signal Hill oder den Lion's Head. Für angenehme Abkühlung an heißen Tagen sorgt die Meeresbrise, die von der Sea Point Promenade herüberweht.

- Green Point Park, 1 Fritz Sonnenberg Road, 8051 Kapstadt
- ÖPNV: Haltestelle Three Anchor Bay

Natur und Kulinarisches

29 Auf dem Wanderweg The Glen

Etwas verborgen führen von der Küstenstraße zwischen Camps Bay und Clifton einige Treppenstufen hinauf zu einem Pfad, der sich entlang der waldigen Berghänge bis nach Kloof Nek schlängelt. Der Wanderweg The Glen ist Teil des Tafelberg-Nationalparks, der sich von Kapstadts Signal Hill bis zu den steil abfallenden Klippen von Cape Point im Süden erstreckt. Es macht keine große Mühe, der leichten Steigung des Glen-Wegs zu folgen, doch die Versuchung ist groß, immer wieder stehen zu bleiben und die malerische Aussicht auf Atlantikküste, Zwölf Apostel und Tafelberg zu genießen. Die Wanderung geht überwiegend durch waldiges Gebiet: Bald hat man den harzigen Geruch der Pinien in der Nase, die schirmförmigen Kronen der Bäume spenden wohltuenden Schatten. Obgleich die geschäftige Küste hügelabwärts nur ein paar Hundert Meter entfernt liegt und durch die Baumstämme schimmert, ist die Welt hier eine andere. Der Farbenzauber der grünen Baumwipfel gegen den blauen Himmel, die Vogelstimmen und das Surren der Insekten schaffen eine neue Realität. Die Schritte werden langsamer, die Gedanken ruhiger und die Sinne öffnen sich für das Naturschauspiel.

Dann, mitten im Wald, findet sich Gelegenheit, eine mondäne Rast einzulegen. Unter den großen weißen Schirmen des Restaurants The Lawns at the Roundhouse kann ein Frühstück oder ein leichtes Mittagessen mit Blick auf den weiten Atlantik eingenommen werden. Das Restaurant bietet moderne europäische Küche mit südafrikanischem Touch, vom Caesar Salad über Burger bis hin zur Meeresfrüchteplatte. Capetonians mögen das außergewöhnliche Setting, um sich am Wochenende mit Freunden auf einen Drink zu treffen. Über die Kloof Road ist das Roundhouse auch mit dem Auto erreichbar, aber in Verbindung mit einer Wanderung wird der Besuch der Lokalität zu etwas Besonderem. Erfrischt durch ein kühles Getränk und gestärkt durch einen Snack, lässt sich der Rest der Wegstrecke umso leichter bewältigen.

- The Glen, Kloof Road, Table Mountain Nature Reserve, 8005 Kapstadt
- The Lawns at the Roundhouse, Round House Road, Camps Bay, 8005 Kapstadt www.thelawnsct.com
- ÖPNV: Haltestelle Kloof Nek oder Glen Beach, ca. 1,5 Kilometer Fußweg

Tanqueray
Tanqueray

Mit Volldampf voraus

30 Eine Fahrt mit dem historischen Dampfzug

Die alte schwarze Dame der Klasse 19D macht gehörig Lärm, sobald sie sich in Bewegung setzt – es zischt und rattert gewaltig, aber das gehört bei der Fahrt mit einer historischen Dampflokomotive nun mal dazu. Die Bezeichnung 19D steht für eine südafrikanische Baureihe von Loks, die von der North British Locomotive Company in Glasgow, Schottland, gebaut wurde. Das britische Regime setzte damals auf die Kraft des Dampfes: Im Jahr 1862 wurde die erste Dampfeisenbahnlinie in der Kapregion fertiggestellt, sie führte von Kapstadt nach Eerste River.

Heutzutage bietet die Ceres Rail Company Eisenbahntrips im alten Stil an. In gemächlichem Tempo geht es mit dem Dampfzug von der Harbour Bridge Platform nahe dem V & A Battery Park zunächst durch Kapstadt und dann Richtung Südosten. Ein Streckenabschnitt ist der Sir Lowry's Pass – eine der steilsten Bahnstrecken des Landes. Ziel der Fahrt ist der kleine Bahnhof von Elgin mitten im Apple Country, das eines der größten Obstanbaugebiete Südafrikas ist. Für die etwa 70 Kilometer lange Strecke braucht der Zug 3,5 Stunden, hin und zurück ist das ein Tagesausflug. Aber mit jeder Menge Abwechslung: Hinausschauen in die malerische Landschaft ist das eine, den Zug der Länge nach abgehen das andere.

TIPP

Die Fahrt zum Elgin Railway Market wird nur am Wochenende angeboten.

Die nostalgische Gestaltung der Passagierwaggons teilt sich in verschiedene Komfort- und Preisstufen auf: vom Day Sitter Seating über das Family Coupé bis hin zum Family Compartment, ein Abteil für bis zu sechs Personen mit zwei Etagenbetten und zwei Fenstern. Am Ende des Zuges befindet sich das Observation Car mit gemütlichen Sesseln und einer Bar sowie eigenem Barkeeper. Einen herrlich altmodischen Speisewagen gibt es auch, doch etwas Appetit sollte man sich bis zum Zielbahnhof aufsparen. Denn beim Elgin Railway Market handelt es sich um eine restaurierte Halle im Industriedesign des ausgehenden 19. Jahrhunderts, in der zahlreiche Food-Stände köstliches Essen bereithalten. Per Zug geht es dann wieder retour nach Kapstadt.

- Ceres Rail Company, Eisenbahntrip zum Elgin Railway Market, Abfahrt von der Harbour Bridge Platform, Dockrail Road, Foreshore, 8001 Kapstadt
www.ceresrail.co.za
- ÖPNV: Haltestelle Convention Centre

CLARE
No

Funkelnde Brillis

31 Das Diamantenmuseum im Clock Tower

Diamonds are a girl's best friend … Tatsächlich? Wenn es stimmt, was Marilyn Monroe einst gesungen hat, dann ist dies ein Glücksort für sehr viele Frauen. Denn sie treffen im Clock Tower Shopping Centre an der V & A Waterfront auf zahlreiche hochkarätige Freunde. Gleich hinter dem restaurierten Uhrenturm aus dem Jahr 1882 befindet sich das Cape Town Diamond Museum. Es beleuchtet nicht nur die Geschichte des wertvollen Steins, die vor 3,3 Milliarden Jahren tief in der Erde begann und ihren Höhepunkt in der Entdeckung von Diamanten in Südafrika fand – was ab 1867 einen historischen Diamantenrausch auslöste. Im Museum ausgestellt sind vor allem die originalgetreuen Nachbildungen berühmter Diamanten. Zu den Exponaten zählt ein Replikat des Cullinan-Diamanten – mit seinen mehr als 3000 Karat war er einst der größte Rohdiamant der Welt. Er wurde 1905 in einer Mine nahe Pretoria entdeckt und in Amsterdam in mehrere größere Edelsteine und fast 100 kleinere Steine aufgespalten. Einige der Brillanten kamen in den Besitz der britischen Krone.

Bei der geführten Museumstour erfährt man etliche Anekdoten über die Schmucksteine und landet schlussendlich im Showroom der Shimansky Jewellery. Man muss wissen: Der bekannte Juwelier hat das Museum ins Leben gerufen und zeigt auch einige seiner edlen Schmuckdesigns. Doch niemand sollte sich genötigt fühlen, seine Kreditkarte zu zücken. Vielmehr ist es interessant, sich die hochpreisigen Colliers und Ringe aus den Vitrinen vorlegen zu lassen und die vielfältige Verarbeitung der Edelsteine zu bewundern. Wie sie zu ihrer endgültigen Schönheit gekommen sind, verrät ein Blick in die gläserne Werkstatt, wo die Diamantenschleifer ihrer Arbeit nachgehen. Auch der ist Besuchern erlaubt. Er vermittelt immer auch einen Eindruck von einem schimmernden Geschäftszweig Südafrikas, denn der hiesige Diamantenhandel hat über Jahrzehnte die globale Diamantenindustrie stark beeinflusst.

● Cape Town Diamond Museum, Level 1 Clock Tower, Clock Tower District, V & A Waterfront, 8001 Kapstadt, Tel. +27 (21) 4 21 24 88
www.capetowndiamondmuseum.org
● ÖPNV: Haltestelle Waterfront Silo

Bühne frei ...

32 Ein Abend im Baxter-Theater

Kapstadt hat eine lebhafte Theaterszene, und es ist nicht schwierig, bei der vielseitigen Auswahl an Bühnen die passende zu finden. Zum Beispiel das Baxter Theatre Centre, das Musik, Tanz, Oper und Schauspiel unter einem Dach vereint und über mehrere Veranstaltungsorte verfügt. Es ist Teil von Kapstadts Universität und wurde 1977 eröffnet – das eindrucksvolle Innendesign reflektiert jene Epoche.
Die Gründungsidee war, die vielfältigen Kulturen Südafrikas abzubilden: sowohl durch die Performances auf der Bühne als auch durch die einheimischen Kunstwerke, die in den modern gestalteten Foyers ausgestellt sind. Das Baxter entstand noch in der Apartheid-Zeit, und als eines der ersten Theater in Kapstadt inszenierte es gemischtrassige und experimentelle Darbietungen. So wurde in einer zeitgenössischen Neubearbeitung von Strindbergs Klassiker „Fräulein Julie" im Jahr 1985 der erste Kuss zwischen Angehörigen verschiedener Rassen auf einer Bühne ausgetauscht. Was heutzutage gang und gäbe ist, stellte zu jener Zeit eine riesige Provokation dar. Schließlich befand sich Nelson Mandela für seine Forderung der Gleichbehandlung aller Menschen damals noch in Haft.
Im Baxter sind Theaterlegenden wie John Kani aufgetreten, der in der westlichen Welt zwar kaum bekannt ist, in der südafrikanischen Film-, Fernseh- und Werbeindustrie jedoch nach wie vor zu den prominentesten Gesichtern zählt. Neben klassischen Stücken von Shakespeare bis Beckett hat das Baxter in den vergangenen Jahrzehnten immer wieder auch jungen und talentierten Studierenden und Absolventen der Universität eine Plattform geboten, ihre Werke in den Bereichen Theater, Tanz und Musik zu präsentieren. Es ist gleichgültig, für welches Genre und für welche Produktion oder Veranstaltung man sich entscheidet: Man wird Spaß haben und an diesem Abend noch etwas mehr über Afrika und seine Kulturszene erfahren.

TIPP

Vor der Aufführung lässt sich der Abend mit einem Getränk an der Long Bar einläuten.

● Baxter Theatre Centre, Main Road, Rondebosch, 7700 Kapstadt,
Tel. +27 (21) 6 85 78 80, www.baxter.co.za
● ÖPNV: Bahnhof Rondebosch

CONCERT HALL RIGHT

Bio-Schlaraffenland

33 Der Oranjezicht-Markt

Von der Waterfront schnell einen Abstecher zu einem Glücksort machen? Da bietet sich der Oranjezicht-Markt an. Seit einiger Zeit sind Food Markets in Südafrika enorm im Trend, und am Wochenende sowie mittwochnachmittags hat der Oranjezicht-Markt geöffnet – via Beach Road kann man ihn vom Hafengebiet aus fußläufig erreichen. Er gilt mit seinen vielen verschiedenen Ständen als schönster Food Market der Stadt und wird von der eigenen gleichnamigen Farm, die sich im Stadtteil Oranjezicht befindet, und von anderen lokalen Bauern beliefert. Das Konzept des Marktes sieht vor, mit frischen und gesunden Lebensmitteln einen Beitrag für ausgewogene Ernährung zu leisten. Das Bewusstsein der Konsumenten für Nahrungsmittel soll geschärft und gleichzeitig die regionale Wirtschaft gestärkt werden.

Auf dem Markt werden unter anderem frisches saisonales Biogemüse und Obst, hausgemachte Milchprodukte, Honig, Nüsse, Gewürze, Getränke und Gebäck angeboten. Die landwirtschaftlichen Produkte sind in Körben und Holzkisten appetitlich angerichtet und hübsch dekoriert. Optisch bereichert wird die Szenerie durch die vielfarbigen Blumenstände und die Händler, die geschmackvolles Kunsthandwerk ausstellen. Die verlockenden Gerüche von den Essensständen, an denen man einheimische Spezialitäten probieren kann, machen Lust auf ein wenig Schlemmerei. Von selbst gemachten Waffeln und Müslis zum Frühstück über saftige Burger am Mittag bis hin zu ausgefallenen Tartes und Kuchen zur Kaffeezeit gibt es eine große Bandbreite an Speisen. Dieser Farmers Market ist eine Art Schlaraffenland in Bioqualität, weshalb auch viele junge Locals zum Einkaufen oder Essen vorbeikommen. Auf der Terrasse mit Blick auf die Granger Bay und bei anregenden Gesprächen über Nahrungsmittel kann man schon mal einen halben Tag vertrödeln, aber das fühlt sich einfach nur gut an.

- Oranjezicht City Farm Market, Haul Road, Granger Bay Boulevard, V & A Waterfront, 8001 Kapstadt
  www.ozcf.co.za/market-day
- ÖPNV: Haltestelle Somerset Hospital oder Granger

Sweet Corn R12/Each
MANGO R20 each

Lustige Maskerade

34 Im Kostümverleih Annie's Wardrobe

Annie ist seit über 30 Jahren Kostümdesignerin in der Film- und Werbebranche und machte aus ihrem Gespür für Kostüme, extravagante Kleidung und Accessoires ein Zusatzgeschäft: Gemeinsam mit ihrem Sohn Ernst gründete sie im Jahr 2004 den Garderobenverleih Annie's Wardrobe in Woodstock. Seitdem ist das Sammelsurium an Designerkleidung, Faschingskostümen, Uniformen und Filmrequisiten aller Art auf über eine Million Artikel angewachsen und es braucht Orientierungssinn, um sich in dem vollgestopften, fast 2000 Quadratmeter großen Laden nicht zu verlaufen. Überall möchte man stehen bleiben, ein bisschen wühlen, Schuhe, Hüte, Sonnenbrillen und Masken aufsetzen, ein schillerndes Gewand überziehen, kurz: sich verwandeln und Spaß an der Kostümierung haben.
Ein Glücksort, an dem man sich – durch verrückte Outfits – mit neuen Augen sieht. Alle Artikel können zu einem moderaten Preis für eine Weile ausgeliehen werden, sodass man im veränderten Ich auch auf Partys, Hochzeiten oder in Clubs erscheinen kann – Kapstadt ist eine spleenige Metropole, die dem großen Auftritt immer Raum gibt. Leider ist der Spaß irgendwann vorbei und die Sachen müssen zurückgegeben werden. „Einige Kunden sind wirklich frustriert, dass sie ihr Lieblingsstück nicht kaufen können, aber wir verleihen nur", sagt Ernst. Seine Mutter habe, fügt er an, eine besondere Gabe, auf ihren vielen Reisen genau die Kleidung zu finden, die bei den Leuten gut ankommt. Annie's Wardrobe ist ein Familienunternehmen, in dem neben Sohn Ernst auch Annies Tochter, Vettern, Cousinen sowie deren Eltern mitarbeiten. Zu ihren Kunden gehören nicht nur Privatleute, sondern ebenso Theater- und Filmproduktionen, die gerne auf den riesigen Fundus an historischen Kostümen, modischem Chichi und traditioneller regionaler Kleidung zurückgreifen. Ab und an kommen auch Crewmitglieder von einem der Kreuzfahrtschiffe vorbei, um für einen Event auf dem Schiff das passende Outfit bei Annie zu besorgen.

● Annie's Wardrobe, 1st Floor, Security Place Building, 27 Durham Avenue, Salt River, 7925 Kapstadt, Tel. + 27 (21) 4 47 40 50
www.annieswardroberentals.com
● ÖPNV: Haltestelle Kent

Gute Bohne, bester Kaffee

35 Origin Coffee Roasting in De Waterkant

In den vergangenen Jahren hat die „Mother City“ in puncto Kaffeekultur enorm aufgeholt. Die Kaffeeröster der Stadt überzeugen nicht nur durch hochwertige Qualität bei Cappuccino und Espresso, sondern auch durch hippe Lokalitäten. Allen voran das Origin Coffee Roasting im Herzen der Innenstadt – außen coole Backsteinfassade, innen der herzerwärmende Duft von Kaffee. Längst gilt der Laden bei Insidern als führende Kaffeerösterei von Kapstadt, wenn nicht der ganzen Kapregion. Die hochwertigen Produkte werden an die besten Cafés, Restaurants und Hotels in Südafrika geliefert und können vor Ort in der Hudson Street beim Frühstück mit ausgezeichneten Backwaren oder zu jeder Tageszeit bei einer kleinen Mahlzeit probiert werden.
Joel Singer gründete im Jahr 2005 Origin Coffee Roasting mit dem Anspruch, seinen Landsleuten außergewöhnlichen und exquisiten Röstkaffee aus aller Welt anzubieten. Eigentlich stammt er aus Kanada und entdeckte auf Umwegen seine Vorliebe für die schönen Dinge des Lebens: Er arbeitete bei Microsoft im IT-Bereich, als er sich für Kaffee, Wein und Backwaren zu interessieren begann. Kapstadt wurde Joels neue Heimat, Kaffeemachen seine Berufung. Grundlage für sein Business und dessen Erfolg ist das handwerkliche Rösten – als Gegensatz zur kommerziellen und standardmäßigen Art des Kaffeemachens. Wer erfahren möchte, wie in Handwerksmanier aus Bohnen das „braune Gold“ in der Tasse wird, ist eingeladen, im De-Waterkant-Hauptquartier bei der Röstung dabei zu sein und an einer Verkostung teilzunehmen. Große Aromen, großer Genuss!
Und wer zum Essen lieber etwas anderes trinkt, kommt bei der großen Auswahl an exzellenten Tees und frischen Säften ebenfalls auf seine Kosten. Die urbane Lässigkeit und die freundliche Atmosphäre sind einfach dazu angetan, sich wohlzufühlen. Also: Bei köstlichen Delis entspannen und glücklich sein!

● Origin Coffee Roasting, 28 Hudson Street, De Waterkant, 8001 Kapstadt, Tel. +27 (21) 4 21 10 00, www.originroasting.co.za
● ÖPNV: Haltestelle Old Fire Station

ditting
octaroma
octaroma

Downtown-Open-Air-Party

36

Das Straßenevent First Thursday

Das Leben feiern. Wenigstens einen Abend lang. Das ist in Kapstadt an jedem ersten Donnerstag im Monat ab 17 Uhr möglich: Dann werden Bree Street und Church Street im Stadtzentrum zu Partymeilen, wo sich die Menschen fröhlich zusammenfinden, zu Livemusik wippen und singen oder sich einfach nur das bunte Treiben auf der Straße anschauen. Allerdings ist der First Thursday kein typisches Kapstadt-Event, er entstand in London und hat inzwischen die ganze Welt erobert. Doch am Kap vermischt er sich mit der südafrikanischen Lebensart – jeder ist willkommen, die Luft flirrt und für einige Stunden bewahrheitet sich, was die Leuchtreklame in einer der Bars verkündet: *Youth has no age.*

Man kann sich einfach treiben lassen, mit dem Strom der Menschen oder etwas abseits. Der Anblick der belebten Straßen am Abend ist ungewohnt, denn Kapstadts Innenstadt ist in der Dämmerung normalerweise sehr ruhig. Aber am First Thursday haben Bars und Restaurants ihre Eingangstüren, Fenster und Glasfronten weit geöffnet – das Innere wird nach draußen verlagert, dicht gedrängt stehen die Gäste mit ihren Cocktails im Freien. Mancherorts ist kein Durchkommen mehr. Auf der oberen Bree Street, die ab der Kirche St. Paul's für den Autoverkehr gesperrt ist, nutzen Besucher den Gehsteig gegenüber der Kirche als Sitzbank. Um etwas zu essen und zu trinken zu bekommen, muss man sich nicht in die Restaurants drängeln, es gibt genug kleine Essensstände, die köstliche Häppchen bereithalten. Und eine kleine Stärkung zwischendurch tut gut, wenn man während der kurzen Abendstunden allen kulturellen Angeboten nachkommen will. Denn auch zahlreiche Galerien öffnen ihre Pforten und zeigen die neuesten Werke heimischer Künstler. Auf Parkplätzen sind Flohmarktstände aufgebaut und bei manchen der aushängenden Klamotten ist ein günstiges Schnäppchen drin. Warum die neue Kluft nicht gleich überziehen und sich ins Partygetümmel stürzen? An diesem Abend gilt: Jugend ist alterslos.

● First Thursday, City Centre, z. B. Bree Street und Church Street, 8000 Kapstadt
● ÖPNV: Haltestelle Leeuwen

GIN

Früher Silo, heute Museum

37

Zeitgenössische Kunst im Zeitz MOCAA

Bei diesem Gebäude muss man einfach staunen. Einst als Getreidesilo der höchste Bau Afrikas, überragt die zum Zeitz Museum of Contemporary Art Africa umgestaltete Funktionsarchitektur noch immer markant den Hafen. Doch nicht nur aufgrund des außergewöhnlichen Designs ist das 2017 eröffnete Zeitz MOCAA ein Vorzeigeobjekt, sondern es beherbergt eine der größten Sammlungen afrikanischer Gegenwartskunst weltweit. Die Sammlung geht auf den Deutschen Jochen Zeitz zurück – der ehemalige Puma-Manager hatte die Vision, seine privat zusammengetragenen Kunstwerke an einem geeigneten Ort dauerhaft auszustellen. Diesen fand er in dem stillgelegten Getreidelager an Kapstadts Waterfront.

Der Rundgang durchs Museum beginnt im sechsten Stockwerk. Und während der gläserne Fahrstuhl einen aufwärts trägt, wird man sich der gigantischen Ausmaße der Eingangshalle bewusst. Sie erinnert an ein modernes Kirchenschiff, das vornehmlich durch das Oberlicht erhellt wird. Dieses dringt durch die einstigen Siloschächte, die aufgeschnitten wurden und nun selbst eine beeindruckende Raumkunst abgeben.

TIPP

Die bunt gekachelten Toiletten im Untergeschoss sind auch Kunstwerke!

Innerhalb der Sammlung nimmt die Fotografie einen bedeutenden Platz ein, in den Ausstellungsräumen findet man sich bald umgeben von ausdrucksvollen Porträts in Schwarz-Weiß. Kontrastierend hierzu sind die farbenfrohen Gemälde, die Szenen des Alltags auf lebendige Weise widerspiegeln, es sind schöpferische Nachbildungen des heutigen Lebens am Kap. Bei einigen Motiven fühlt man sich an Szenen auf Märkten, in den Straßen oder Clubs der Stadt erinnert, die man selbst schon so ähnlich beobachtet hat. Faszinierend ist die Verbindung der grellen Malereien mit der kühlen Architektur – mancherorts sind die Wände von Fenstern durchbrochen, sodass aus verschiedenen Höhen ein Blick auf das Atrium möglich ist. Dieses Museum ist nicht nur zum Anschauen da, der Besuch ist ein sinnliches Erleben der kreativen Kraft des Kontinents.

- Zeitz Museum of Contemporary Art Africa, V & A Waterfront Silo District, South Arm Road, 8001 Kapstadt, Tel. +27 (87) 3 50 47 77 www.zeitzmocaa.museum
- ÖPNV: Haltestelle Waterfront Silo

Historisches Erbe

38 Am Heritage Square im Stadtzentrum

Mitten im Herzen von Kapstadt befindet sich der Heritage Square, ein Block mit restaurierten historischen Häusern, der von den vier Straßen Buitengracht Street, Hout Street, Bree Street und Shortmarket Street gebildet wird. Er bietet Besuchern eine reizvolle Mischung aus Geschichte, Kultur und Gastronomie. Allerdings gehört etwas Fantasie dazu, sich vorzustellen, dass hier einst einfache Handwerker wie Tabakwarenhändler, Büchsenmacher, Bäcker und Stellmacher ihren Geschäften nachgingen. Denn nicht weit von den über 200 Jahre alten niederländischen und georgianischen Häusern erheben sich die Betonbunker, die das heutige Bild der Inner City ausmachen.

Auch der Heritage Square sollte in den letzten Jahren der Apartheid abgerissen werden, um Platz für ein riesiges Parkhaus und eine Autobahn zu schaffen. Das wurde zum Glück verhindert und inzwischen gilt der Block als eines der erfolgreichsten Stadterneuerungsprojekte von Cape Town. So ist die Bree Street, übersetzt „Breite Straße", bekannt als kulinarischer Hotspot mit allem, was man sich nur wünschen kann: von der gehobenen Gastronomie über Designerbars bis hin zu Biorestaurants.

Das Haus mit der Nummer 90 ist das Cape Heritage Hotel – wie viele andere Gebäude aus der damaligen Zeit besitzt es einen lauschigen Innenhof. Im Jahr 1771 soll hier eine Weinrebe gepflanzt worden sein, die aus den französischen Westpyrenäen stammte. Die Crouchen-Blanc-Rebe trägt noch heute Früchte, aus denen jährlich rund 20 Liter Wein gewonnen werden. Zudem spendet die Pflanze den Gästen, die im Hof essen, reichlich Schatten. Angeblich hat die älteste bekannte fruchttragende Weinrebe der Südhalbkugel nur dank eines kräftigen jährlichen Rückschnitts überlebt, ohne je gedüngt oder bewässert worden zu sein.

● Heritage Square, Shortmarket Street, 8000 Kapstadt
● ÖPNV: Haltestelle Church

chefs warehouse
91
chefs
warehouse

Was will man Meer?

39

Die Steinbank am Llandudno Beach

Die Bank am Llandudno Beach besteht aus mehreren Steinsitzen unter üppigen Büschen. Surfer lassen sich auf ihr nieder und beobachten das türkisfarbene Meer, bevor sie selbst in die Wellen steigen. Sonnenmüde Strandbesucher suchen am Mittag den Schattenplatz auf und essen ein paar mitgebrachte Snacks. Manchmal finden sich Liebespaare ein, die eng umschlungen hier sitzen. Es ist ein romantischer Platz, der wie eine Loge den Blick auf die sandige Bühne am Atlantik freigibt. Gewöhnlich ist nicht viel los in dieser Bucht zwischen Camps Bay und Hout Bay, obwohl der Strand als einer der schönsten von Kapstadt gilt. Ein paar bunte Sonnenschirme, Grüppchen von Familien und Freunden, Schwimmer, Getränkeverkäufer – all das gibt es auch am Llandudno Beach, aber in überschaubarer Zahl. Vielleicht liegt es daran, dass eine touristische Infrastruktur mit Restaurants, Bars und Shops gänzlich fehlt, keine plärrende Musik mischt sich in das Meeresrauschen.

Llandudno Beach, das rund 18 Kilometer außerhalb von Kapstadt liegt, ist umgeben von Granitfelsen, Buschwerk und Bergen. Markant erhebt sich an einer Seite der Leeukoppie, wegen seiner Kegelform wird er oft mit dem Lion's Head verglichen. Villen und Häuser befinden sich im Hintergrund am Hang, es ist eine exquisite Wohngegend.

Wenn man die idyllische Bank am Strand verlässt und sich auf einen Spaziergang über Felsen und durch kleine Wäldchen begibt, gelangt man nach 20 Minuten zum Sandy Beach, wo alle Kleidung abgelegt werden darf. Es ist der einzige FKK-Strand von Kapstadt. Doch nicht nur der feine Sand lockt zum Sonnen, sondern auch verschiedene Felsformationen, wo der warme Stein eine angenehme Unterlage für den Körper bildet. Die Augen auf das Blau des Himmels gerichtet, ist auch dies ein Ort zum Glücklichsein.

TIPP

Vom Sandy Beach aus kann man herrliche Spaziergänge in die Dünenlandschaft unternehmen.

- Steinbank am Llandudno Beach, 7806 Kapstadt
- ÖPNV: Haltestelle Llandudno

Natur pur

40 Auf dem Wanderweg Pipe Track

Wer den 1086 Meter hohen Tafelberg nicht per Seilbahn, sondern sportlich erobern will, für den ist der Pipe Track eine gute Alternative. Der etwa 6 Kilometer lange Weg gilt als einfach und gibt Wandernden, die es sich auf halbem Weg anders überlegen, die Chance, nach Camps Bay abzusteigen und den Rest des Tages am Strand zu verbringen. Glück kann sich auch so anfühlen.

Zunächst mag die Bezeichnung Pipe Track ein wenig irritieren. Der Name stammt von einem riesigen Wasserrohr, das Ende des 19. Jahrhunderts gelegt wurde, um Wasser von der Disa-Schlucht auf dem Tafelberg hinunter zum Molteno-Stausee in Oranjezicht zu transportieren. Auf Reste des Rohrs trifft man noch heute auf dem malerischen Spazierweg, dessen Ausgangspunkt der Parkplatz von Kloof Nek ist. Der Pfad verläuft mit nur wenigen Aufs und Abs entlang der westlichen Seite des Tafelbergs – die Häuser und Gärten von Camps Bay breiten sich wie ein langer Teppich unter einem aus, dahinter glitzert der Atlantik. Richtet man den Blick nach oben, hat man die Gipfel der Zwölf Apostel über sich, im Rücken liegt der massige Kegel des Lion's Head. Wie schön, dass sich am Wegesrand immer wieder Bänke oder flache Felsen finden, auf denen man sich niederlassen und von wo aus man dieses Paradies aus verschiedenen Blickwinkeln genießen kann!

Dennoch ist man auf dem Pipe Track selten allein. Immer wieder trifft man auf andere Spaziergänger, der Weg gilt als sicher, was unliebsame Zwischenfälle angeht – was in Kapstadt ein wichtiger Aspekt ist. Erst nach einigen Kilometern zeigt ein Schild auf dem Wanderpfad an, dass links der Aufstieg zum Tafelberg beginnt. Da das Klettern recht anstrengend ist, sollten ausreichend Wasser und Verpflegung für die mehrstündige Tour mitgenommen werden. Alternativ kann man den Weg fortsetzen, um nach einiger Zeit entweder abwärts nach Camps Bay zu steigen oder bis Woody Ravine beziehungsweise Corridor Ravine zu wandern.

● Pipe Track Trail, Startpunkt an der Kreuzung Kloof Nek unterhalb des Tafelbergs, Table Mountain Nature Reserve, 8001 Kapstadt
● ÖPNV: Haltestelle Kloof Nek

Marktfeeling

41 Der Time-Out-Markt an der Waterfront

An Märkten mangelt es nicht in Kapstadt. Doch den Time Out Market in Kapstadts ehemaligem Elektrizitätswerk an der Waterfront sollte man sich unbedingt ansehen. Bis November 2023 war hier über viele Jahre der populäre V & A Food Market untergebracht. Dann übernahm eine britische Investorengruppe das 30.000 Quadratmeter große Gelände und wandelte es in einen Lebensmittel- und Kulturmarkt mit 13 verschiedenen Küchen und vier Barbereichen plus Bühne um. Die Marke „Time Out" dürfte Reisenden nicht unbekannt sein: Sie startete 1968 in London und ist inzwischen über die halbe Welt verteilt; der Markt in Kapstadt ist der erste auf dem afrikanischen Kontinent.

Ein toller Ort, um nach einem Einkaufsbummel in der nahen Shoppingmall oder einem Besuch im Two Oceans Aquarium noch einen Happen zu sich zu nehmen. Denn hier dreht sich alles ums Essen – an 7 Tagen in der Woche. Die Bandbreite reicht von asiatisch inspiriertem High-End-Streetfood im Restaurant How Bao Now über moderne südafrikanische Feinkost im Siba Deli bis hin zu traditionellen Gerichten im MLILO, wo das afrikanische Shisanyama-Erbe gefeiert wird. Damit ist man kulinarisch schon mitten in Südafrika angekommen, denn *shisanyama* bedeutet in der Zulu-Sprache wörtlich „verbranntes Fleisch" und bezeichnet in den Townships den Ort, wo die Menschen Braai zelebrieren, also die lokale Art des Barbecues.

Die Betreiber des neu eröffneten Time Out Markets hatten den Ehrgeiz, die besten Köche und Gastronomen der Stadt an der Waterfront zu versammeln und ein Essensmekka inmitten der kulinarisch ohnehin verwöhnten Stadt zu schaffen. Die Küchen und Bars befinden sich im cool gestalteten Innenbereich, doch gegessen werden kann auch draußen. Beim Klang von Livemusik hat man das bunte Treiben an der Waterfront gut im Blick. Hier kann man den Tag mit einem Frühstück am Hafen beginnen oder ihn mit Blick auf die erleuchtete Marina wunderbar ausklingen lassen.

● Time Out Market, The Old Power Station Building, Pier Head, Dock Road, V & A Waterfront, 7806 Kapstadt
● ÖPNV: Haltestelle Aquarium

FOOD
DRINK
MUSIC
ART
& MORE
THE BEST
OF THE CITY
UNDER
ONE ROOF
Time Out
MARKET
CAPE TOWN
FOOD
DRINK
MUSIC
ART
& MORE
THE BEST
OF THE CITY
UNDER
ONE ROOF

Lebendige Geschichte

42 An der Festung Castle of Good Hope

Wer wäre nicht einmal gerne zu Gast im Haus von Lady Anne Barnard, einer hochgeschätzten Persönlichkeit der High Society am Kap, in deren Bankettsaal bis zu 100 Menschen Platz finden? Ein formelles Dinner bei ihr gestaltet sich so: Die prächtige lange Tafel ist mit dem in Japan gebrannten Porzellangeschirr in Blau und Gold gedeckt. Farblich darauf abgestimmt ist der ausladende Blumenschmuck in den Delfter Vasen. Auf den massiven Silberplatten in der Tischmitte befinden sich dampfende Schüsseln mit exotischen Speisen. Dutzende Lakaien eilen um den Tisch, reichen die Schüsseln an und schenken edlen Wein vom Landgut Groot Constantia in die Kristallgläser der Gäste.

Wir sind zu spät dran – leider! Lady Anne lebte um 1800 mit ihrem Mann General Sir Andrew Barnard am Kap, er war während der ersten britischen Besatzung Gouverneur der Kapkolonie. Wenn das auch lange her ist – in die Lebenswelt von damals kann man sich bei einer Besichtigung des Castle of Good Hope gut zurückversetzen. Die Fehr Collection im Haupthaus der Festung zeigt den überdimensionierten Banketttisch und viele andere antike Möbelstücke, Kunstwerke und Haushaltsgegenstände aus jener Zeit. In dem Gebäude, das man über den begrünten Hof erreicht, war einst die Kapverwaltung untergebracht, andere Bauten der fünfeckigen Befestigung beherbergten das Gefängnis. Für Gänsehaut sorgen die geführten Touren, bei denen auch einzelne Räume der berüchtigten Strafanstalt gezeigt werden.

TIPP Die geführten Touren starten täglich ab 11 Uhr.

Das in den 1670er-Jahre fertiggestellte Castle of Good Hope erhebt sich eindrucksvoll im alten Stadtkern und ist eines der ältesten noch im Original erhaltenen Gebäude Südafrikas – all seine Steinblöcke stammen aus den Niederlanden. Ein kleiner Hauch Geschichte weht noch durch das Fort: Nach wie vor dient es als Kasernengelände des Cape Town Highlanders. Das Regiment wurde 1885 aufgestellt und hat an allen größeren Konflikten, in die Südafrika seither verwickelt war, teilgenommen.

● Castle of Good Hope, Darling Street und Buitenkant Street, 8001 Kapstadt, Tel. +27 (21) 4 61 46 73, www.castleofgoodhope.co.za
● ÖPNV: Haltestelle Civic Centre oder Castle

Rausch der Farben

43 Das malerische Clay Café in Hout Bay

Essen und Kunst gehen häufig eine Symbiose ein. Wenn Speisen zu wahren Kunstwerken arrangiert werden, dann zumeist auf einem Teller mit feinem Dekor. Im Clay Café in Hout Bay gehören Essen und Kunst ganz eng zusammen. Denn der Gast wird zum bildenden Künstler: Vor, während oder nach dem Essen kann er Keramikstücke nach eigenem Gusto gestalten.

Gleich im ersten Raum des Restaurants befindet sich ein langer Tisch mit Pinseln in unterschiedlichen Größen, außerdem Farben und Aufkleber. Auf einem Tablett stellt man sich seine Malausrüstung zusammen, ein jeder darf drei Lieblingsfarben wählen. Wenige Schritte weiter sind in mehrstöckigen Regalen die Keramikrohlinge aufgereiht, die zum kreativen Bemalen einladen: Neben Schüsseln, Bechern und Kannen warten Tierfiguren wie Eulen und Pferde, aber auch Drachen und Einhörner auf einen bunten Anstrich.

Das Prozedere ist einfach: Am Tisch erhält man eine kurze Einführung bezüglich Anmischung der Farben und erfährt, welche künstlerischen Kniffe angewandt werden können, um besondere Effekte zu erzielen. Und dann geht's los! Besondere Glücksmomente erlebt man als Gruppe – die gegenseitige Inspiration, das Tauschen der Farben und ein gewisses Wettbewerbsfieber sorgen für viel Spaß. Aber auch allein stellen sich bei der schöpferischen Tätigkeit Glücksgefühle ein, sobald das Werk in den Händen an Farbe gewinnt. Oft vergisst man darüber die Zeit und dieser „Flow"-Zustand ist ein toller Nebeneffekt. Allerdings darf man das fertige Kunstwerk nicht gleich mit nach Hause nehmen. Es wird zunächst in einem speziellen Ofen gebrannt, wodurch die Farben kräftiger und spülmaschinenfest werden. Das dauert bisweilen bis zu 4 Wochen.

Auch wer sich im Clay Café nur fürs Essen entscheidet, kommt nicht zu kurz: Man kann Salate, hausgemachte Pasta und Kuchen genießen. Der riesige Garten, durch den ein Bächlein gluckert, hält hübsche Plätze bereit, wo man ausspannen und den anderen bei der (Mal-)Arbeit zugucken darf.

● Clay Café, Main Road, Hout Bay, 7872 Kapstadt, Tel. +27 (76) 8 10 51 20
www.claycafe.co.za

SUGAR

Very British!

44 Teatime im Belmond Mount Nelson Hotel

Bedeutet Luxus Glück? Über diese Frage könnte man stundenlang philosophieren – am besten beim High Tea im Mount Nelson Hotel. Zum aufwendig zelebrierten Nachmittagstee kommen Einheimische und internationale Gäste in der Lounge des noblen Hauses am Fuße des Tafelbergs zusammen. Es können auch Teeliebhaber teilnehmen, die nicht im Hotel residieren – eine Anmeldung wenige Tage vorab ist aber empfehlenswert. Der traditionelle Afternoon Tea erfreut sich größter Beliebtheit und ist eine Institution am Kap.

Mit Blick in den üppig bewachsenen Hotelgarten fühlt man sich in die Blütezeit des britischen Kolonialismus zurückversetzt. Das Surren der Ventilatoren und leise Klaviermusik erfüllen den hellen Raum. Die Tische sind mit weißen Leinentischdecken und feinem Porzellan gedeckt, auf mehrstöckigen Etageren türmen sich süße und herzhafte Delikatessen. Es gibt unter anderem Schoko-Kaffee-Haselnuss-Käsekuchen, Brownies, Karottenkuchen, Milchkuchen und natürlich warme hausgemachte Scones. Wer Herzhaftes vorzieht, erhält eine Auswahl von delikaten Fingersandwiches, Quiches und Farmer-Angus-Frikadellen. Unter Anleitung eines Teesommeliers können über 40 Teesorten probiert werden: Früchte- und Kräutertees, schwarzer, roter, grüner und weißer Tee, fernöstliche Sorten und Tee aus Südafrika.

TIPP

Afternoon Tea im Mount Nelson Hotel: mittwochs bis sonntags jeweils am Nachmittag.

Um einen Blick auf die dekadente Seite des einstigen British Empire zu werfen, ist ein entspannt verbrachter Nachmittag im Mount Nelson Hotel genau das Richtige. Die Luxusherberge wurde am 6. März 1899 eröffnet, ein halbes Jahr später begann der Südafrikanische Krieg – die Engländer benutzten das Haus damals als militärisches Hauptquartier. Seitdem stiegen hier zahlreiche Prominente aus der ganzen Welt ab. Unter anderem auch „Beatle" John Lennon – unter dem Pseudonym Mr. Greenwood. Er soll oft auf dem Tafelberg meditiert haben. Ob ihm das Glück gebracht hat?

● Belmond Mount Nelson Hotel, 76 Orange Street, Gardens, 8001 Kapstadt
www.belmond.com
● ÖPNV: Haltestelle Government Avenue

Exotische Stadtoase

45 Eine Auszeit im Company's Garden

Was der Central Park für New York ist, das ist der Company's Garden für Kapstadt: die grüne Lunge der Stadt, die gleich bei der Fußgängerzone im Zentrum beginnt und sich über 8 Hektar erstreckt. Die abwechslungsreiche Gartenarchitektur hält Anpflanzungen verschiedener Palmenarten und Maulbeerbäume bereit, dazu romantische Laubengänge, einen Kräuter- und Sukkulentengarten sowie den ältesten kultivierten Birnbaum Südafrikas aus den 1650er-Jahren. Einheimische und Touristen lieben es, unter den alten Baumriesen in gemächlichem Tempo zu flanieren und die grauen und weißen Eichhörnchen zu füttern. Auf den sonnenbeschienenen Wiesen breiten Familien ihre Picknickdecken aus und rasten hier für einige Stunden. Ein paar Schritte weiter beginnt der üppige Rosengarten, dessen Luft von Blütenduft und Gitarrenmusik erfüllt ist.

Der Stadtpark, übrigens der älteste Südafrikas, lädt zum Ausruhen, Träumen und Lesen ein. Man kann auch einfach den Blick zum Tafelberg hinaufwandern lassen, der sich zu jeder Tageszeit etwas anders präsentiert. Rund um die Grünanlage befinden sich mehrere sehenswerte Gebäude: die South African National Gallery mit ihrer reichen Sammlung von europäischer und südafrikanischer Kunst, das repräsentative Tuynhuys, das Jüdische Museum sowie das mächtige Parlamentsgebäude.

Einst diente der Park als Anbaugebiet von Obst und Gemüse, um die Schiffsbesatzungen der Niederländischen Ostindien-Kompanie auf ihren Touren zwischen Europa und Asien mit frischen Lebensmitteln zu versorgen. Später wurde das Areal in einen botanischen Garten umgewandelt, manche der Bäume sind bis zu 60 Meter hoch. Schon Cecil Rhodes, der legendäre Unternehmer und Politiker, suchte die schattigen Wege gerne für Spaziergänge auf. Er war es auch, der die nordamerikanischen Eichhörnchen im Company's Garten aussetzen ließ und ihnen eine Heimat am Kap gab.

● Company's Garden, 12 Government Avenue, 8001 Kapstadt
● ÖPNV: Haltestelle Groote Kerk

HEART
MIND
SOUL

Essen, tanzen, happy sein

46

Der Markt in der Old Biscuit Mill

Während in anderen Weltmetropolen Malls das Stadtbild prägen, laden in Kapstadt etliche Open-Air-Märkte zum Schlendern, Schauen und Shoppen ein. Kein Wunder, die Stadt hält viele originelle Plätze bereit. Großer Beliebtheit erfreut sich am Wochenende der Neighbourgoods Market in der Old Biscuit Mill. Die ehemalige Keksfabrik befindet sich in Woodstock, das einst Arbeiterviertel und Industriegebiet war und sich mit seinen Kunstgalerien allmählich zum Trendviertel entwickelt. Nach wie vor wird Woodstock von Lagerhallen und alten Fabrikgebäuden dominiert, und der Industrial Chic der Keksfabrik übt eine besondere Anziehungskraft auf die Besucher aus. Auf jedem Stockwerk kann man kleine Shops und Werkstätten kreativer Designer entdecken, draußen auf dem Hof breiten „fliegende Händler" ihr Angebot an Taschen, Modeschmuck und Kleidung aus.

TIPP

Beim Wochenmarkt am Samstag bieten Farmer ihre selbst angebauten Produkte an.

Folgt man den Rhythmen der Musik, die der Wind über das Areal trägt, gelangt man zu einer großen Halle. Im vorderen, offenen Bereich finden sich das DJ-Pult und eine kleine Tanzfläche. Dahinter drängen sich dicht an dicht etliche Stände mit kulinarischen Spezialitäten aus aller Welt. Von Crispy Chicken über Lobster bis hin zu würzigen Steaks wird das Essen auf wenigen Quadratmetern zubereitet. Es macht Spaß und steigert zudem den Appetit, den flinken Köchen bei ihrer Arbeit über die Schulter zu gucken. Gegessen wird an langen Tischen in der Hallenmitte – um einen Sitzplatz zu ergattern, braucht es allerdings eine Extraportion Glück, denn bereits am späten Vormittag sind fast alle Bänke besetzt.

Aber nicht vergessen: Wir sind in Afrika! Statt rumzustehen und zu warten, laden die mitreißende Musik, die Wärme und die Ausgelassenheit der Menschen zum Tanzen ein. Zumeist wiegen, wippen und drehen sich schon andere auf der Fläche vor dem Mischpult – man ist also nicht allein. Dies kann der Auftakt für ein richtig glückliches Wochenende sein.

- Neighbourgoods Market in der Old Biscuit Mill, 375 Albert Road, Woodstock, 7925 Kapstadt, www.neighbourgoodsmarket.co.za
- ÖPNV: Haltestelle Biscuit Mill

EXIT
SOUTHERN PRIDE
PEPPER
LARGE
MEDIUM
SMALL

Farbenfrohe Lichterketten

47 Weihnachtsbeleuchtung in der Adderley Street

Alljährlich Ende November erhält die geschäftige Adderley Street im Zentrum von Kapstadt ihren bunt leuchtenden Weihnachtsschmuck. Die Aufhängung der festlichen Straßenbeleuchtung ist eine beliebte Tradition, die bereits seit über 50 Jahren zelebriert wird. Denn sie ist der Auftakt für die Weihnachtszeit und eine Art Begrüßung für die vielen Touristen, die während Südafrikas warmer Sommermonate die Stadt besuchen. Bei dem 1-tägigen Festival werden Stände entlang der Adderley Street aufgestellt, an denen Souvenirs verkauft werden, es treten Musikgruppen auf, aber das absolute Highlight ist der Countdown, der heruntergezählt wird, bis die Weihnachtslichter eingeschaltet werden. Die bunte Beleuchtung bleibt bis ins neue Jahr hinein und lädt Menschen aus allen Teilen der Welt ein, an ihrem Zauber teilzuhaben.

In der Adderley Street findet Ende des Jahres nicht nur das Kapstädter Lichterfest statt, die Straße ist auch eine belebte Verkehrsader, die den Zugang zum Company's Garden, zum Houses of Parliament, zur St Georges Mall und zur Groote Kerk – der ältesten Kirche Südafrikas – ermöglicht. Flankiert von alten Gebäuden, in denen Büros, Banken, Versicherungsgesellschaften und Finanzkonzerne untergebracht sind, ist die Straße eine anziehende Mischung aus Alt und Neu. Einst hieß sie Heerengracht Street und war die Hauptstraße Kapstadts. Im Jahr 1850 wurde sie in Adderley Street umbenannt: zu Ehren von Charles B. Adderley, einem britischen Parlamentsabgeordneten, der sich erfolgreich gegen den damaligen Plan der Briten wandte, Kapstadt als weitere Sträflingskolonie zu nutzen.

In der Weihnachtszeit wird hier in Downtown auch der beliebte Street Night Market veranstaltet – mit einer Vielzahl von Ständen und großartiger Unterhaltung. Ein Besuch in der Adderley Street eignet sich bestens, um sich auf Weihnachten in der Sonne einzustimmen.

- Adderley Street, 8001 Kapstadt
- ÖPNV: Haltestelle Groote Kerk

Lokal mit antikem Flair

48

Gemütliche Stunden im Restaurant Our Local

Freunde treffen, ein bisschen abhängen und etwas Feines essen – dafür ist Our Local genau die richtige Wahl. Falls man in dem beliebten Restaurant im oberen Abschnitt der Kloof Street überhaupt einen Platz ergattert. Das Zusammenspiel aus antikem Mobiliar, exotischen Pflanzen und viel Oberlicht schafft eine Atmosphäre, die sowohl bei jungen Einheimischen als auch bei ausländischen Gästen gut ankommt. Die lange Tafel in der Mitte bringt Fremde miteinander ins Gespräch, die separaten Tische entlang der Wände bieten aber auch Gelegenheit, sich mit seinem Laptop oder einem Buch zurückzuziehen.
Michael Carter und Shayne Schutte eröffneten Our Local 2019 und sehen es als Erweiterung ihres Zuhauses, wo sie schon immer gerne Menschen bewirtet haben. Die Ausstattung ist sehr vintage, denn ein Freund der beiden ist Antiquitätenhändler und nutzt die zum Restaurant umgebaute Mechanikerwerkstatt als Verkaufsfläche. Allerdings finden nicht alle Möbelstücke am Boden und an den Wänden Platz. Daher werden einzelne Objekte einfach in die Höhe bugsiert: Antike Stühle baumeln neben Art-déco-Lampen und den Deckenventilatoren über den Köpfen der Gäste und ziehen die Blicke auf sich. Auch an manchen Topfpflanzen, die die Tische schmücken oder als Raumteiler dienen, hängen Preisschildchen. Ein positiver Effekt dieses Extrabusiness: Durch den Verkauf von Möbeln und Grünzeug erhält das Restaurant immer wieder ein neues Gesicht.
Gleichbleibend gut ist die Qualität der Speisen, die leicht, abwechslungsreich und relativ günstig sind. So etwa die mit Nüssen garnierten Avocado-Toasts oder das nordafrikanische Shakshuka aus pochierten Eiern in einer würzigen Tomatensoße. Daneben findet sich auch eine Auswahl an Fleisch- und Fischgerichten auf der Speisekarte. Ab 8 Uhr morgens gibt es Frühstück, von Donnerstag bis Samstag kann man hier auch zu Abend essen und das Dinner entspannt mit einem Aperol Spritz oder Espresso Martini beginnen.

- Our Local, 117 Kloof Street, Gardens, 8001 Kapstadt, Tel. +27 (64) 6 42 50 04
www.ourlocal.co.za
- ÖPNV: Haltestelle Lower Kloof

Einfach Meer

49 Bootstouren an der Waterfront

Das Meer gehört zu Kapstadt und macht einen Teil seiner Schönheit aus. In früheren Zeiten wurden Stadt und Meer sogar namentlich miteinander verbunden, Kapstadt hieß damals „Tavern of the Seas". Für Reisende von und nach Ostindien war die Stadt wie ein Gasthaus, das nach mehrmonatiger Seefahrt Erfrischungen aller Art bereithielt.

Das Meer ist immer auch Sehnsuchtsort. Ein Trip mit einem der vielen Ausflugsboote ist eine glückstimulierende Draußenzeit. Abfahrt ist an der V & A Waterfront und es kann zwischen etlichen Angeboten gewählt werden: von der gemütlichen Hafenrundfahrt im Motorboot über schnittige Touren mit dem Speedboot bis hin zu „Sunset Cruises" inklusive Champagnerausschank. Die Dauer der regulären Fahrten ist unterschiedlich, beträgt aber selten länger als 1,5 Stunden. Zusätzlich können individuelle Tagesausflüge gebucht werden, die jedoch deutlich teurer sind. Ein echter Urlaub für die Sinne ist eine Fahrt mit dem Katamaran. Sobald außerhalb des Hafens die Motorengeräusche gedrosselt und die Segel gesetzt werden, hat man das Meer vor den Augen und sein Rauschen in den Ohren. Bei wenig Wind gluckst das Wasser am Bootskörper, bei schnellerer Fahrt vereinigen sich die Töne von Wasser und Wind zu einer wunderbaren Melodie. Während der Touren erfährt man auch etwas über die nautische Geschichte der Tafelbucht.

Vorläufer des heutigen Hafens mit seinen zwei riesigen Becken war eine von Jan van Riebeeck, dem Gründer der Kapkolonie, erbaute Anlegestelle. Die riesigen Segler ankerten in der Bucht, ihre Waren wurden mit kleinen Schiffen an Land gebracht. Heutzutage ist der Port of Cape Town ein moderner Stückguthafen, der vor allem Früchte und Fisch exportiert. Vom Meer aus hat man einen großartigen Blick auf den Hafen und die Stadt und mit einem Quäntchen Glück kann man Meeresbewohner wie Delfine, Robben oder Wale antreffen.

● Bootstour an der Waterfront, Startpunkt nahe dem Two Ocean Aquarium, Dock Road, V & A Waterfront, 8002 Kapstadt
● ÖPNV: Haltestelle Aquarium

mv Southern Cross

Mal abtauchen …

50 Im Schwimmbad Long Street Baths

Wem das Meer rund um Kapstadt zu kalt ist, der kann seine Bahnen im warmen Wasser des Long Street Baths ziehen. Das altehrwürdige viktorianische Hallenbad ist zentral am oberen Ende der Long Street gelegen. Der Innenpool ist 25 Meter lang und wird an seiner Längsseite von orientalisch anmutenden Wandmalereien geschmückt.

Zwar verfügt Kapstadt über mehrere Dutzend öffentlicher Pools, doch das Long Street Baths ist eine kleine Oase. Zugegeben: Die Räumlichkeiten halten nicht an allen Ecken den deutschen Sauberkeitskriterien stand. In Kapstadt gilt der Ort jedoch als Refugium der Ruhe und Entspannung. Das Schwimmbad im edwardianischen Stil mit der Art-nouveau-Fassade entstand bereits vor über 100 Jahren – im November 1908 eröffnete es der damalige Bürgermeister von Kapstadt. Etwas später, 1926, wurde der Pool durch ein türkisches Bad ergänzt. Im heißen Dampf und bei Massagen konnten Besucher dem hektischen Stadtleben für ein paar Stunden entfliehen. Damals war die Einrichtung auch als „Pantoffelbad" bekannt, weil die Bewohner vieler umliegender Wohnkomplexe in ihren Pantoffeln hierherkamen, um sich zu duschen.

In den 1960er-Jahren wurde der zunehmende Autoverkehr ringsum zur Bedrohung für das Bad, das nahe der Kreuzung liegt, wo die Long Street mit der Orange, der Kloof und der Buitensingel Street zusammentrifft. Man erwägte, das Long Street Baths der modernen Infrastruktur zu opfern – aus diesen Plänen ist dann doch nichts geworden. Ein Glück! Noch heute schlendern Menschen häufig an dem niedrigen Gebäude vorbei, ohne es zur Kenntnis zu nehmen. Zu groß ist die Ablenkung durch die umliegenden Geschäfte, Snackbars und Restaurants. Aber wer eine Zeit lang mal buchstäblich abtauchen möchte, kann dies im beheizten Pool tun. Ein Kinderbecken ist ebenfalls vorhanden, sodass die ganze Familie im Long Street Baths auf ihre Kosten kommt. Aufgrund von Kapstadts anhaltender Wasserkrise können Sauna, Dampfbad und Duschen möglicherweise nur eingeschränkt genutzt werden.

● Long Street Baths, Long Street, Gardens, 8001 Kapstadt, Tel. +27 (21) 4 22 01 00
www.westerncape.gov.za/facility/long-street-baths
● ÖPNV: Haltestelle Upper Long

ENTRANCE TO
TURKISH BATHS
INGANG NA
TURKSE BAD
ENTRANCE TO
POOL AND
BATHROOMS
INGANG NA
SWEMBAD EN
BADKAMERS

Ein Potpourri an Kunst

51 Die Iziko South African National Gallery

Betritt man das Innere der Iziko South African National Gallery, muss man zunächst ein wenig blinzeln. Der Unterschied zur Helligkeit draußen, wo sich das prächtige weiße Museumsgebäude vom Blau des Himmels gleißend abhebt, ist groß. Doch gleich im ersten Saal, der sich an den Eingangsbereich anschließt, gibt es wieder eine Verbindung zur lichtdurchfluteten Außenwelt: Hier befindet sich ein friedlicher, säulenumstandener Innenhof, dessen Mitte eine moderne Installation mit Hunderten Flaschen schmückt.

Die Räumlichkeiten der nationalen Kunstgalerie Südafrikas sind großzügig gestaltet, und die von Raum zu Raum farblich wechselnden Wände sind dicht mit Bildern behängt. Dabei überrascht der Facettenreichtum: Mal findet sich ein japanischer Farbholzschnitt aus dem 18. Jahrhundert, mal ein Gemälde aus der Rembrandtschule, aber auch bekannte Vertreter des französischen Realismus wie Honoré Daumier sind ausgestellt. Dazwischen immer wieder Modernes. In der jüngsten Zeit wurde vermehrt Wert auf die Ausstellung indigener Kunstwerke gelegt, insbesondere auf Plastiken und Perlenstickereien.

Insgesamt umfasst die Sammlung über 11.000 Werke hauptsächlich südafrikanischer, niederländischer, französischer, flämischer und britischer Kunst vom 17. bis zum ausgehenden 20. Jahrhundert. Nur ein kleiner Teil dieses riesigen Bestandes kann in dem Gebäude am Rand des Company's Garden ausgestellt werden. Doch dieser Ausschnitt allein ist schon beeindruckend und legt Zeugnis für das reiche kulturelle Erbe des Landes ab, in dem noch immer Menschen vieler Nationen beheimatet sind. Die Mischung aus Alt und Modern, die variierenden Stile und Techniken, aber auch überraschende Ansichten wie die lebensgroße Skulptur eines sich aufbäumenden Rappens mit seiner eleganten Reiterin – das alles macht den Charme der National Gallery aus.

● Iziko South African National Gallery, Government Avenue, Gardens, 8001 Kapstadt, Tel. +27 (21) 4 81 39 70, www.iziko.org.za
● ÖPNV: Haltestelle Groote Kerk

IZIKO NATIONAL GALLERY
ISANG
Welkom
Welcome
Wamkelekile
ǁKhoreǁhare

Balance halten

52 Der Paddling-Shop SUP Cape Town

Zugegeben – zunächst ist Stand-up-Paddling eine wackelige Angelegenheit. Wenn man zum ersten Mal auf dem SUP-Board steht und darauf erpicht ist, nicht ins Wasser zu fallen, wird genau das passieren. Aber wäre das so schlimm? Das Wasser in den Kanälen rund um die Waterfront ist flach und sauber, denn es wird aus dem Atlantischen Ozean gespeist. Vom Brett zu fallen, ist also kein Beinbruch, und wenn es anderen aus der Gruppe genauso geht, ist es sogar Teil des Vergnügens.

Kurse in Stand-up-Paddling und den Verleih der Ausrüstung bietet SUP Cape Town, dessen Shop unterhalb des Battery Park mit einem direkten Zugang zum Kanal liegt. Die Wasserstraße stellt eine Verbindung zwischen der V & A Waterfront und dem Cape Town International Convention Centre (Kongresszentrum) her und wird auch von Kajaks und Wassertaxis befahren. Und von SUPlern – falls man mit Brett und Paddel umzugehen gelernt hat. Mit den Grundregeln im Kopf – Beine schulterbreit auseinander, Rumpf nach vorne gebeugt und Blick stets in Fahrtrichtung – findet man nach und nach in die Balance und lernt die Stadt vom Wasser aus von einer neuen Seite kennen. Das Gym kann man sich an diesem Tag sparen, denn Stand-up-Paddling ist ein ausgezeichnetes Ganzkörpertraining. Es stärkt die Muskulatur, verbessert das Gleichgewicht und fördert die Ausdauer. Wenn man auf ruhigen Gewässern wie dem Kanal unterwegs ist, hat diese Wasseraktivität sogar eine entspannende Wirkung. Man gleitet an Gebäuden vorbei, unter Brücken hindurch und trifft vielleicht sogar einige der Kapottern, die in der Nähe des One&Only-Hotels nisten. Paddeln ist schon allein deshalb eine Freude, weil man im eigenen Tempo unterwegs sein und sich auf die Umgebung einlassen kann. Viele Geburtstagsfeiern und Betriebsfeste werden von SUP Cape Town organisiert, denn beim gemeinsamen Paddeln spornt man sich an oder hat bei den ersten ungelenken Versuchen die Lacher auf seiner Seite. Ein Glücksort, wenn man auf dem Wasser Spaß haben will.

- SUP Cape Town, Battery Park, Alfred Street, V & A Waterfront, 8012 Kapstadt, Tel. +27 (21) 2 05 11 31, www.supcapetown.co.za
- ÖPNV: Haltestelle Amsterdam oder Marina

FLAME
11'6
aquatone
<aquatone>
FLAME
AQUA MARINA
RYD

Sag's mit Blumen ...

53 Auf dem Blumenmarkt am Trafalgar Place

An der belebten Adderley Street breitet sich unter Planen und Schirmen ein Meer aus duftenden Blumen aus. Es ist der Trafalgar Place Flower Market, der zwar kein schicker Ort für floristische Design-Arrangements ist, aber seinen ehrbaren Platz in der Geschichte Kapstadts hat. Seit über 100 Jahren befindet sich der Markt an seinem jetzigen Standort – die schmale, überdachte Gasse heißt Trafalgar Place, aber die Eimer voller Schnittblumen besetzen auch einen Teil des Bürgersteigs der Adderley Street.

Allzu oft hasten Geschäftsleute, Touristen und Kuriere hier vorbei, ohne zu wissen, welch alte Institution sie passieren: Es waren ehemalige Sklaven, die nach Abschaffung der Sklaverei in den 1830er-Jahren damit begannen, hier Blumen zu verkaufen. Denn viele andere Arbeitsmöglichkeiten hatten sie damals nicht. So blieb es auch in den folgenden Jahrzehnten – der Blumenmarkt ist einer der wenigen Plätze in der Innenstadt, an dem Schwarze Geschäftsleute seit über einem Jahrhundert unabhängig arbeiten. Während der fast 50 Jahre dauernden Apartheid zwischen 1940 und 1990 waren sie weitgehend von Karrieren in der Botanik und im Gartenbau ausgeschlossen. Allein die Blumenzucht und der Verkauf waren Berufe, mit denen sie erfolgreich ihren Lebensunterhalt bestreiten konnten. Viele von ihnen kennen sich sehr gut mit Pflanzen aus, und der Trafalgar Place Flower Market gilt in Kapstadt als Top-Adresse, um landestypische Blumen wie Proteen, Freesien und Fackellilien in guter Qualität und zu fairen Preisen zu bekommen.

In den 1960er-Jahren versuchte die Regierung, die Straße zu einem Gebiet nur für Weiße zu machen, was jedoch aufgrund der starken Proteste der Blumenverkäufer nicht gelang. Dank dieses Widerstandes floriert der Markt noch heute – was für ein Glück für alle, die sich an den vielen Blumen inmitten des Großstadttrubels erfreuen können!

● Trafalgar Place Flower Market, Adderley Street, zwischen Darling Street und Trafalgar Street, 8000 Kapstadt
www.sistersonadderleyflowersellers.co.za
● ÖPNV: Haltestelle Groote Kerk

Mediterranes Feeling

54 Am Strand von Camps Bay

Am frühen Morgen fegt der Küstenwind die Gischt über den Strand bis hinauf zur Promenade, die Luft entlang der Straße ist diesig und feucht. Sie riecht nach angeschwemmtem Seetang und ein wenig nach Kaffee, denn die Coffeeshops an der Victoria Road von Camps Bay locken Spaziergänger und Jogger an. Diese ersten Stunden des Tages gilt es zu genießen, bevor später die Cabrios mit lauter Musik zum Cruisen anrollen sowie die zweistöckigen Touristenbusse, die den vornehmen Vorort mit seinem betriebsamen Strandleben auf dem Tourenplan haben. Sobald die Sonne höher steht, postieren sich auch die Bongotänzer auf dem Boulevard gegenüber den Cafés und schwingen die Hüften zur Trommelmusik. Dazwischen drängeln sich Souvenirverkäufer, behangen mit T-Shirts und verschiedenartigen Hüten.

Erst gegen Mittag erscheint das Partyvolk und belebt im Sommer die weite Strandbucht mit dem feinkörnigen weißen Sand. Sehen und gesehen werden ist dann die Devise. Es wird Beachvolleyball gespielt, gefaulenzt und geflirtet. Doch kaum einer der vielen Sonnenanbeter wagt sich in das eisige Wasser hinein, selbst in den warmen Monaten zwischen November und Februar ziehen nur wenige Schwimmer ihre Bahnen im Meer.

Mit seinem starken Wellengang ist der Atlantik mehr ein Augenschmaus. Aus jeder Perspektive ist sein Anblick atemberaubend. Nähert man sich ihm per Auto oder Bus vom höher gelegenen Kloof Nek, ist das Urlaubsgefühl perfekt. Auf dem Weg hinab zur Küste passiert man klassische Villen und modern designte Privathäuser, deren Besitzer oft Europäer sind. Vor etlichen Jahren waren die Immobilienpreise noch erschwinglich, heutzutage ist selbst das Essen in den meisten Restaurants teurer als anderswo in Kapstadt. Doch Camps Bay ist nun mal die Côte d'Azur von Südafrika und verfügt mit der Felsenkette der Zwölf Apostel über einen spektakulären Hintergrund.

- Camps Bay Beach, 8005 Kapstadt
- ÖPNV: Haltestelle Camps Bay

Out of Africa

55

Der Company's Garden Heritage Shop

Ein Kleinod ist der Company's Garden Heritage Shop, der etwas versteckt am Rand des Stadtparks Company's Garden nahe der Queen Victoria Street liegt. Sobald man auf der Terrasse des niedrigen zweigiebeligen Hauses sitzt, kommt ein wenig Out-of-Africa-Feeling auf – man fühlt sich beim Anblick der leuchtenden Blütenfarben ringsum in die Welt von Tania Blixen zurückversetzt. Wenn dann noch ein Hausmädchen mit Schürze den Tee mit Scones oder einer Milchtarte serviert, schaut man automatisch an den Nebentisch und fragt sich, ob dort nicht Meryl Streep und Robert Redford im eleganten Safari-Outfit sitzen.

Die filmische Romanze der beiden Hollywoodschauspieler in „Jenseits von Afrika" basiert auf den Memoiren der bekannten Autorin Tania Blixen – eine Filmepisode könnte sich in diesem stillen Winkel des Parks abgespielt haben. Im Inneren des Gebäudes kann man übrigens die Geschichte des Company's Garden noch einmal Revue passieren lassen; Texte und Bilder in Glasrahmen erzählen die Herkunft einzelner Bäume und welche Bedeutung angrenzende Gebäude wie etwa das Tuynhuys haben.

Doch zurück zum Shop: Die kulinarischen Besonderheiten, mit denen man an diesem idyllischen Ort draußen an den Tischen verwöhnt wird, sind im Company's Garden Heritage Shop nebenan käuflich zu erwerben. Darunter lokale Teesorten, Kräuter, Marmeladen sowie geschmackvolle handgefertigte Souvenirs. Die hellen Räumlichkeiten, in denen die vielen verschiedenen Produkte ansprechend ausgestellt sind, erinnern an einen Tante-Emma-Laden in Miniatur. Man kann sicher sein: In irgendeiner Ecke auf einem der Regale oder in dem antiken Schrank wartet noch eine weitere Überraschung. Das hübsche Geschirr beispielsweise würde auch der eigenen heimischen Terrasse ein nostalgisches Flair verleihen … Dann wäre jenseits von Afrika ein Stück Afrika wieder erlebbar.

TIPP

Der Shop bietet auch Vorträge über das floristische und kulinarische Erbe Südafrikas an.

● Company's Garden Heritage Shop, 17 Queen Victoria Street, 8000 Kapstadt
● ÖPNV: Haltestelle Upper Long

REUSABLE
HEAVY DUTY
REUSABLE

Trocken, würzig, Biltong

56

Am Biltong-Stand im Einkaufszentrum

Es ist nur ein kleiner Verkaufsstand in der Shoppingmall Lifestyle on Kloof, doch er ist so gestaltet, dass man sich im Vorbeigehen eine Palette unterschiedlicher Biltong-Geschmäcker zusammenstellen kann. Statt süßen Bonbons oder Lollis kauft man bei Biltong Craft eine Tüte voller Trockenfleisch: Die Geschmacksrichtungen für diesen Snack reichen von Rind- über Kudu- und Hühnchen- bis zu Straußenfleisch. Sicher, diese Art von Fleischerzeugnis muss man mögen – es ist eben kein milder Schinken, sondern getrocknetes Fleisch von harter Konsistenz mit würzigem, manchmal auch etwas saurem Geschmack. Denn Biltong wird mit Essig, Worcestershiresoße und Gewürzen wie Salz, braunem Zucker und Koriander mariniert, bevor es 4 bis 14 Tage an der Luft trocknet. Übrigens nicht irgendwo, sondern in speziellen Biltong-Boxen – das sind Kammern aus Pappe oder Holz, die gut belüftet sind. In der Industrie ist die Herstellung noch etwas anders: Da wird Biltong in speziellen Öfen bei einer Temperatur von 40 bis 60 Grad Celsius bei ständiger Luftzufuhr getrocknet. Bei dieser industriellen Produktion dauert es nur wenige Stunden, bis das Fleisch gedörrt ist. Verkauft wird es gewöhnlich in dünnen Streifen von etwa 10 bis 15 Zentimetern Länge. Biltong hat eine dunkel- bis rostrote, manchmal auch braune Farbe, im Kern ist es meist etwas heller. Die verwendeten Gewürze lassen sich gut herausschmecken.

Heute als Delikatess-Snack gehandelt, wurde Biltong einstmals aus der Not geboren: Die ersten holländischen Siedler, die sogenannten Voortrekker, die oft monatelang mit Vieh und Wagen unterwegs waren, um neuen Lebensraum zu finden, ernährten sich hauptsächlich von dem Dörrfleisch. In der Hitze Südafrikas ließen sich die Teilstücke der erlegten und geschlachteten Tiere auf diese Weise haltbar machen – je nach Trocknungsgrad sogar bis zu 2 Jahre. Mitten im Einkaufszentrum an der Kloof Street kann man sich an diesem Glücksort ein Stück südafrikanischer Geschichte auf der Zunge zergehen lassen.

● Stand von Biltong Craft SA, Lifestyle on Kloof, 50 Kloof Street, Gardens, 8001 Kapstadt, www.biltongcraftsa.com
● ÖPNV: Haltestelle Lower Kloof

wine
FOOD
SA
The

Buntes Allerlei

57 Der Open-Air-Markt am Greenmarket Square

Im alten Stadtzentrum von Kapstadt – zwischen Adderley und Long Street – befindet sich der Greenmarket Square. An den Wochentagen geht es hier recht bunt zu: Der Platz ist übersät mit Ständen, an denen heimische Produkte wie bedruckte Taschen, Gürtel, Hüte, Ketten, Dekogegenstände und Kleidungsstücke aus leichtem Stoff angeboten werden. Es soll außerdem der beste Ort in Kapstadt sein, um Masken und Malachit-Schnitzereien von Händlern aus dem Kongo oder aus Simbabwe zu erwerben.

Doch nicht nur wegen solcher Raritäten lohnt ein Besuch. Der helle Platz mit seinem hubbeligen Kopfsteinpflaster wird eingefasst von hohen Art-déco-Gebäuden mit Coffeeshops und Restaurants sowie von der Good Hope Metropolitan Community Church und dem Old Town House. Auf dieses strahlend weiße Gebäude sollte man einen längeren Blick werfen, denn es ist ein hübsches Beispiel für die Rokoko-Architektur am Kap. Erbaut 1755, diente es mal als Rathaus, mal als Polizeistation und beherbergt heute die Michaelis Collection mit holländischer und flämischer Malerei des 17. Jahrhunderts.

Die Stände bilden einen schönen Kontrast zu den historischen Gebäuden. Viele der Verkäufer kommen täglich aus den Townships und präsentieren stolz ihre handgefertigten Waren. Mit viel Fantasie und einem gesunden Sinn für Nachhaltigkeit sind diese Produkte entstanden. Wie etwa die verschieden großen Schalen, die aus alten knallbunten Telefonkabeln zu dekorativen Objekten geflochten wurden. Wurden die Drähte vorab gefärbt? Entsetzt schüttelt die Verkäuferin den Kopf. Nein, lautet die Antwort, das seien die originalen Farben der Kabel. Dann hält sie flache Haifische und Elefantenköpfe aus Blech hoch, die ihr Mann aus den Resten entsorgter Gegenstände geschaffen hat – Wand- oder auch Fensterschmuck à l'Africaine für zu Hause. Es braucht nicht viel Glück, sondern nur ein waches Auge, um zwischen den zahlreichen Marktständen originelle Souvenirs zu finden.

TIPP

Der Markt auf dem Green Market Square beginnt vormittags und geht meist bis spätnachmittags.

- Open Air Market, Greenmarket Square, 8000 Kapstadt
- ÖPNV: Haltestelle Groote Kerk

Trading Bay
017
GMS

Baden mit Aussicht

58 Im Gezeitenpool in Kalk Bay

An der ausgedehnten False Bay mit ihren riesigen Seehund- und Robbenkolonien liegen die Fischerdörfchen Fish Hoek und Kalk Bay. Der Name dieses Ortes rührt von den Muschelkalköfen her – in früheren Zeiten wurde in den Öfen der Baustoff für den Außenputz vieler Kapstädter Häuser hergestellt. Aber auch die Fischindustrie prägt seit über 200 Jahren die Küstenorte, und noch heute wird der frische Fang gegen Mittag am historischen Hafen von Kalk Bay ausgeladen.

Doch es wäre schade, das Wasser nur den Meerestieren zu überlassen, denn die False Bay bietet bessere Konditionen zum Schwimmen und Schnorcheln als Kapstadts Westküste. Die Temperaturen sind um einige Grad höher und die Wellen haben eine wunderbare Kraft. Einige Gebiete in der Bucht sollte man wegen der Haie jedoch meiden. Wie gut, dass es den Dalebrook Tidal Pool gibt – ein Meerwasserbecken direkt im Indischen Ozean. Das künstlich angelegte Schwimmbecken am nördlichen Ende von Kalk Bay ist von Felsen umgeben und vermittelt das Gefühl, sich mitten im Meer zu bewegen. Und das ohne drohenden Hai-Alarm! Aber mit besonderem Duscheffekt: wenn nämlich bei Flut oder starkem Wind die Wellen an der betonierten Beckenkante brechen und frisches Wasser in den Pool gespült wird. Bei Ebbe finden vor allem Kinder Spaß daran, die angeschwemmten Lebewesen in den flacheren Bereichen des Beckens zu erkunden.

Für Frühaufsteher dürfte eine Schwimmsession am Morgen die beste Gelegenheit sein, den Tag zu begrüßen. Anschließend können dann bei einem köstlichen Imbiss im nahen Open-Air-Café SIROCCO auf der Main Road weitere Pläne für Unternehmungen an der False Bay geschmiedet werden. Besonders zu empfehlen sind die Sushiplatten und die Pizzen. Der Badeort lädt aber auch zum Bummeln ein, es gibt etliche sehenswerte Boutiquen.

● Dalebrook Tidal Pool, Dalebrook Road, Kalk Bay, 7946 Kapstadt

Rundgang durch die Zeiten

59 Das Village Museum in Stellenbosch

An den gut erhaltenen Gebäuden im kapholländischen Stil, die die breiten Baumalleen in Stellenbosch säumen, ist die lange Geschichte der Stadt schon abzulesen. Um genau zu sein: Die Gründung durch Gouverneur Simon van der Stel geschah im Jahr 1679 – damit ist Stellenbosch nach Kapstadt die zweitälteste europäische Siedlung am Kap. Bekannt wurde sie vor allem durch die sie umgebenden exzellenten Weinbaugebiete. Außerdem gehört die Universität der Kleinstadt seit mehr als 100 Jahren zu den renommiertesten Hochschulen Südafrikas. Einen Blick hinter die Fassaden der charmanten Stadt und ihrer Geschichte kann man im Village Museum werfen. Das Freilichtmuseum präsentiert vier restaurierte Gebäude aus dem 17. bis 19. Jahrhundert – darunter Wohnhäuser, Geschäfte und Handwerksstätten, die das tägliche Leben und die Arbeitsweise der Menschen in verschiedenen Epochen abbilden. Es ist eine kleine, friedliche Welt, in die man durch den Museumseingang in der Ryneveld Street tritt. Dann heißt es erst mal durchatmen und die Poesie dieser längst vergangenen Zeit in sich aufnehmen: die zumeist reetgedeckten Häuser mit ihren Giebeln und Sprossenfenstern, die Gärten, die epochentypisch mit Blumenbeeten, Obstbäumen und Küchenkräutern versehen sind. Und die Menschen in historischen Kostümen, die sich als Museumsmitarbeiter entpuppen, die die Besucher an den Hauseingängen in Empfang nehmen und die Häuser mit ihrem Inventar zeigen.

Wie mag sich das prädigitale Leben wohl angefühlt haben? Einfach ausprobieren: Im Blettermanhuis liegen im Zimmer des Hausherrn Tinte und Feder bereit, um einen Brief per Hand zu verfassen. Früher war das Musizieren eine unterhaltsame Art, sich die Zeit zu vertreiben – das Musikzimmer im Grosvenor House erzählt von jenen Tagen. Dieser Glücksort ist ein Fenster in eine andere Zeit und vermittelt Ruhe und Bedachtsamkeit.

● Village Museum, 18 Ryneveld Street, 7600 Stellenbosch, Tel. + 27 (21) 8 87 29 37
www.stelmus.co.za
● ÖPNV: Bahnhof Stellenbosch

Alle Vögel sind schon da ...

60 In der Riesenvoliere Birds of Eden

Vögel aller Arten und aus der ganzen Welt umschwirren einen in Birds of Eden – der Name steht für eine riesige Voliere, deren Inneres einem Urwald nachempfunden ist. Dieses urwüchsige Stück Afrika ist 23.000 Quadratmeter groß und 50 Meter hoch und wird überspannt von einem gigantischen Netz. Damit werden nicht nur die mehr als 3500 Vögel am Davonfliegen gehindert, sondern das Netz schützt auch vor unwillkommenen Eindringlingen.

Als Besucher begibt man sich in Birds of Eden auf eigene Faust auf Erkundungstour, indem man einfach einem rund 2 Kilometer langen Holzsteg folgt. Es warten immer neue Überraschungen: Mal geht es über Hängebrücken, mal verläuft der Pfad hinter einem Wasserfall. Spezielle Effekte wie künstliche Tropengewitter mit Blitz und Donnergrollen erhöhen das fast authentische Naturschauspiel. Vor unliebsamen Überraschungen wie Regen wird man vorab jedoch gewarnt, sodass man einen Unterstand aufsuchen kann.

Faszinierend ist vor allem die Vielfalt an farbenfrohen Vögeln, von denen man als Besucher nur einen Bruchteil kennt. Wohl auch, weil die meisten in Südafrika beheimatet sind. Bezeichnungen wie Knysna-Turaco oder Malachit-Sonnenvogel dürften vielen Menschen kaum geläufig sein. Umso schöner ist es, diese unbekannten schimmernden Wesen in den Zweigen der Bäume oder aus kurzer Entfernung beim Fliegen zu beobachten. Auch an den Futterstellen herrscht reges Treiben. Die Luft ist erfüllt von Zwitschern und Trällern aus vollen Kehlen. Da fragt man sich, ob die ersten Europäer auch von einem solchen Chor von Vogelstimmen empfangen wurden, als sie die umliegenden wilden Wälder durchstreiften. Gedanken wie diese entführen einen in die Welt von vorvorgestern, während man unter tropischem Laub sitzt. Welch ein Glück, dass man diesen Dschungel im Kompaktformat erleben darf.

TIPP

Es lohnt sich, ein Kombiticket mit dem benachbarten Park Monkeyland zu kaufen.

● Birds of Eden, Monkeyland Road, The Crags, 6602 Plettenberg Bay, Tel. +27 (44) 5 34 89 06, www.birdsofeden.co.za

Wo Träume wahr werden

61

Auf dem Weingut Vergelegen

Man möchte sich die Augen reiben und fragen: Ist das hier ein Traum? Gemeint ist der verwunschene Garten mit den uralten Kampferbäumen, unter denen die gedeckten Tische für ein Picknick stehen. Die riesige Ansammlung blühender Hortensien, die duftenden Rosenfelder, die bunten Blumenrabatten vor dem Haupthaus – das Vergelegen Wine Estate in Somerset West wirkt wahrhaft wie ein schönes Traumgebilde. Und die Zeit verstreicht unbemerkt. Plötzlich sind 2 oder 3 Stunden vergangen, weil man umherschlendert und schaut, der Blick sich dabei in eine Blüte verliert oder in die Verästelungen eines mächtigen Baumes. Hier und dort blitzen sonnengelbe Fassaden durch das Grün – die alte kapholländische Architektur bildet eine wunderbare Kombination mit der Natur. Dass alles miteinander harmoniert, darauf hat die einstige Besitzerin Lady Phillips große Mühe verwendet. Vor der Restaurierung und Erweiterung des verwahrlosten Landguts von 1700 musste ihr Architekt rund 200 Skizzen anfertigen. Die kunstsinnige Mäzenin, deren Mann durch Minen zu Wohlstand gekommen war, besaß eine Liebe zum Detail, die heute noch erkennbar ist. Vergelegen war ein Schatzkästlein, in dem Lady Phillips vor 100 Jahren residierte und Künstler empfing. Die Innenräume des Haupthauses mit den Kunstwerken und prächtigen Möbeln stehen heutzutage Besuchern des Weinguts zur Besichtigung offen.

TIPP

Keinesfalls sollte man die Kellerführung durch die hochmodernen Produktionsstätten verpassen!

Natürlich gibt es auch Weine – und zwar sehr hochwertige. Die Weinfarm produziert eine Vielzahl von Rebsorten, darunter Cabernet Sauvignon, Merlot, Shiraz, Chardonnay und Sauvignon Blanc. Das 117 Hektar große Weinbaugebiet verfügt über 20 verschiedene Bodentypen, von denen einige zu den ältesten der Welt gehören. Die Ergebnisse am besten gleich probieren! Wine Tastings finden täglich statt. Mit einem Glas in der Hand und dem Blick auf den Garten, die Teiche und die ausgedehnten Weinberge kommt man an diesem Glücksort gleich wieder ins Träumen.

● Vergelegen Wine Estate, Lourensford Road, Somerset West, 7130 Kapstadt, Tel. +27 (21) 8 47 21 00, www.vergelegen.co.za

Fliegen übers Paradies

62

Canopy-Tour im Tsitsikamma Park

Ein bisschen fühlt man sich wie Tarzan. Beim Canopy gleitet man jedoch an langen Stahlkabeln statt an Lianen rasant durch den Urwald. Gut gesichert mit Helm, Handschuhen und Gurt, doch so mancher Fliegende stößt vor Begeisterung einen Tarzan-Schrei aus. Eine Canopy-Tour im Tsitsikamma Park ist eine wunderbare Ergänzung oder Alternative zum Hiking.

Inzwischen ist der Tsitsikamma ein Teil des Garden-Route-Nationalparks und ein Eldorado für Naturliebhaber. Er bietet etliche Wanderwege wie den 42,5 Kilometer langen Otter Trail, der zu Südafrikas beliebtesten Hiking-Strecken zählt und an der felsigen Küste von Storms River Mouth Rest Camp nach Nature's Valley führt. Nur Fliegen ist schöner. Selbst mit Höhenangst und nach anfänglichem Zögern wird es zu einem Riesenvergnügen und sorgt in jedem Fall für Nervenkitzel. Vor allem Einsteiger kommen hier auf ihre Kosten, denn das Canopy im Tsitsikamma ist eher auf Anfänger und Familien als auf Abenteurer ausgerichtet. Die Guides weisen jeden in der Gruppe genau ein, passen die Ausrüstung an – und der erste Probelauf wird zunächst in geringer Höhe an einem Seil durchgeführt.

Dann wird es ernst. Wer es bislang nicht konnte, der lernt es jetzt bestimmt: das Loslassen. Den festen Boden unter den Füßen verlieren, sich dem Tempo und der vorgegebenen Richtung hingeben und einfach fliegen. Insgesamt gibt es zehn Ziplines in unterschiedlichen Längen, an denen man durch das Grün des dichten Walds, an kantigen Felsen entlang und über Wasserströme hinwegsaust – von einer Plattform zur nächsten und manchmal in 30 Metern Höhe. Die längste „Flugreise" vollzieht sich an einem Kabel mit rund 90 Metern Länge. Man entdeckt dabei vielleicht ein Chamäleon oder das schimmernde Gefieder eines Narinatrogons. Tarzan zu sein, fühlt sich ein wenig wie das Paradies auf Erden an.

● Tsitsikamma Canopy Tour®, 101 Darnell Street, 6308 Stormsrivier,
Tel. +27 (42) 2 81 18 36, www.stormsriver.com

Besuch bei den Pinguinen

63 Naturschutzgebiet Stony Point in Betty's Bay

Wer mag sie nicht, die originellen Meeresbewohner mit ihrem watscheligen Gang an Land? Pinguine gehören zu den Ureinwohnern am Kap, aber inzwischen sind sie äußerst selten geworden – und sogar vom Aussterben bedroht. Hauptgründe für den starken Rückgang ihrer Population sind zum einen der kommerzielle Abbau von Guano, in dem Pinguine gewöhnlich ihre Bruthöhlen graben, und zum anderen die Verschmutzung und Überfischung der Meere. Welch ein Glück, dass man sich am Kap Brillenpinguinen nähern kann, die noch in freier Wildbahn leben.
Das östlich von Kapstadt gelegene Betty's Bay ist zwar längst kein Geheimtipp mehr für Penguin Watching, dennoch hält sich der Besucherandrang sehr in Grenzen. Im dortigen Stony Point Nature Reserve kann man die Frackvögel in aller Ruhe beim Sonnenbaden, Schwimmen oder beim Hüpfen von Stein zu Stein beobachten. Im Gegensatz zum Boulders Beach an der False Bay, dem weitaus populäreren Anlaufpunkt, um Pinguine zu beobachten, liegt Betty's Bay nicht auf der Hauptroute zum Kap der Guten Hoffnung. Mitunter ist man fast allein mit Hunderten von Brillenpinguinen; das Gelände ist mit Holzstegen versehen und von dieser erhöhten Position aus hat man einen guten Blick auf die Tiere. Aber es geht recht laut zu. Brillenpinguine machen ordentlich Lärm und brüllen dann ähnlich wie Esel – weshalb sie ursprünglich Eselspinguine hießen. Doch es macht Spaß, die schwarzweißen Vögel näher in Augenschein zu nehmen, teilweise zeigen sie sich sehr neugierig und dann stellt sich die Frage, wer eigentlich wen beobachtet. Am Stony Point sind Pinguine allerdings nicht die einzige Attraktion: Klippschliefer, die jeder Dassies nennt, Kormorane und Gänse sind hier ebenfalls beheimatet. Man kann Stunde um Stunde in der Bucht zubringen und sich von dieser einzigartigen Tierwelt vereinnahmen lassen.

● Stony Point Nature Reserve, Wallers Road, 7141 Betty's Bay

Kurvenreich

64

Auf dem Swartberg Pass

Die mächtige, 2000 Meter hohe Swartberg-Bergkette, die parallel zur südlichen Küstenlinie verläuft, teilt die Halbwüste in zwei unterschiedliche Gebiete: in die Kleine und die Große Karoo. Beide werden als Südafrikas Big Sky Country bezeichnet – als Land des weiten Himmels. Denn das Gebiet in der geografischen Mitte Südafrikas ist weitläufig: Allein die Große Karoo erstreckt sich über 400.000 Quadratkilometer. Über den Swartberg schlängelt sich in einer Länge von 72 Kilometern der 1888 eröffnete Swartberg Pass, der mit seinen Serpentinen und massiven Natursteinmauern zu den meistbewunderten und meistfotografierten Pässen Südafrikas gehört. Der kurvenreiche Bergübergang zwischen Oudtshoorn und Prince Albert war das letzte Projekt von Thomas Bain – Südafrikas berühmtem Straßenbauingenieur – und ist denkmalgeschützt. Daher ist er heute noch ungeteert, aber mit jedem technisch sicheren Fahrzeug bei trockenem Wetter befahrbar, denn die Schotterstraße ist gut ausgebaut. Es gibt etliche Stellen, an denen man anhalten kann, damit entgegenkommende Autos problemlos passieren können.

Fahrspaß ist garantiert, die abwechslungsreiche Strecke zeigt viele unterschiedliche Gesichter. Hat man sich auf den Höhenzug hinaufgearbeitet, kann man den beeindruckenden Straßenverlauf erkennen, der sich wie ein heller Faden entlang des Bergmassivs zieht. Vom großen Parkplatz in über 1500 Metern Höhe schaut man auf das Tal, in dem sich die bewirtschafteten Felder wie ein Flickenteppich ausbreiten. Doch nicht nur der Blick in die Ferne ist verlockend, die Pflanzenwelt entlang des Passes ist ebenfalls sehr interessant: Auf dem Swartberg sind viele Hundert Pflanzenarten zu finden. Darunter der Waboom, ein langsam wachsender und knorriger kleiner Baum, der zur südafrikanischen Fynbos-Vegetation gehört. Er ist sehr widerstandsfähig und überlebt sogar Waldbrände. Aus seinem Holz wurden früher Wagenräder, Möbel und Pfeifen hergestellt.

TIPP

Schwindelfrei und auf geteerter Straße geht es durch die Meiringspoort-Schlucht nach Prince Albert.

● Swartberg Pass, zwischen 6620 Oudtshoorn und 6930 Prince Albert

Tief im Dschungel

65 Beim Big Tree im Knysna Forest

Schon mal einen Yellowwood-Baum umarmt, den Nationalbaum Südafrikas? Das könnte Glück bringen, beim King Edward VII Tree jedoch etwas schwierig sein, da der Gelbholzbaum einen Stammumfang von 9 Metern hat. Neben diesem Big Tree mit knapp 40 Metern Höhe kommt man sich klein und ziemlich jung vor, denn er ist zwischen 600 und 800 Jahre alt. Er wurde nach dem englischen König Edward VII. benannt, nachdem eine Delegation des britischen Parlaments im Jahr 1924 an diesem Baum ihr Mittagessen eingenommen hatte.

Vorher hieß er Templeman Tree. Das war der Name jenes Holzfällers, der ihn gekauft hatte, aber dann doch nicht fällte, da der Baum zu groß war. Dagegen erlagen zahlreiche andere Bäume der Rodung, denn riesige Flächen des heute 80.000 Hektar großen Knysna Forest wurden einst abgetragen. Verantwortlich dafür waren europäische Viehzüchter und Holzfäller, die sich seit Ende des 18. Jahrhunderts im Knysna-Distrikt niedergelassen hatten. Es entstand eine ganze Holzfällerindustrie. Vor allem die uralten Hartholzbäume wurden rücksichtslos gefällt und mithilfe von Ochsen zu den Sägemühlen nach Knysna transportiert. Das Holz benutzte man zum Bau von Schiffen, später wurden daraus Bahnschwellen hergestellt.

1939 gelang es schließlich, den Raubbau zu beenden, indem Maßnahmen zum Erhalt und zur Pflege der Wälder ergriffen wurden. Seither regeneriert sich der Wald wieder und dank hoher Niederschläge gibt es in seinen Tiefen heimische Bäume wie den Stinkwood- und den Yellowwood-Baum, Farne, Kletterpflanzen und Wildblumen. Einst durchstreiften Elefantenherden den dichten Urwald, aber auch von ihnen haben nur wenige Exemplare überlebt. Um die Dickhäuter ranken sich etliche Mythen – wer sich auf die Suche nach ihnen begeben will, kann im Knysna Forest den Elefantenwegen folgen, die heute wunderschöne Wanderwege sind.

TIPP

Östlich von Stormsrivier führt ein 500 Meter langer Holzsteg durch einheimischen Wald zum Big Tree.

● The Big Tree im Knysna Forest, N 2, 6308 Stormsrivier

Gotteshaus von Frauenhand

66

Die Dreifaltigkeitskirche in Belvidere

Es ist selten, dass ein Kirchenbau nach den Entwürfen einer Frau entsteht. Doch die Gestaltung der entzückenden kleinen Holy Trinity Church in Belvidere geht auf Sophia Gray zurück. Sie war die Frau des ersten anglikanischen Bischofs von Kapstadt, Robert Gray. Von England kommend, landete das Paar im Jahr 1847 am Kap, mit dem Auftrag, eine neue Kolonialdiözese zu gründen, die Anzahl der Geistlichen zu erhöhen sowie neue Kirchen und Schulen zu errichten. Sophia muss eine tatkräftige Frau gewesen sein, denn sie begleitete ihren Mann auf seinen ausgedehnten Reisen und führte Buch über sämtliche Synoden und Sitzungen. Sie war es auch, die die Pläne für neue Kirchenbauten am Kap von Kirchen aus England mitgebracht hatte.

Das Ehepaar Gray bevorzugte bei den Sakralbauten den neugotischen Stil – eine Bauweise, die zu jener Zeit in Großbritannien in Mode war. Ihre anmutigen Kirchen sind bis Port Elizabeth und Pietermaritzburg über das ganze Land verstreut. In Belvidere entstand in den 1850er-Jahren die Dreifaltigkeitskirche im normannischen Stil des 11. und 12. Jahrhunderts – ein wunderhübsches Kleinod am Ufer der Knysna-Mündung. Sie bietet reichlich Gelegenheit zum Innehalten und Kraftschöpfen: zum einen im stillen Innern der Kirche, deren Kanzel mit Ausnahme der Brüstung aus einem einzigen Block gehauen wurde. Aber auch die ruhige Atmosphäre draußen ist zum anderen dazu angetan, die Seele zu stärken.

Am Sonntagmorgen und jeden Mittwoch finden Gottesdienste statt – für alle, die am liturgischen Leben teilnehmen möchten. Die Glocke, die vom Dachreiter die Gläubigen ruft, wurde in England hergestellt und übers Meer nach Belvidere verschifft. Dabei passierte ein Malheur: Die Glocke fiel über Bord und verbrachte einige Monate unter Wasser, bevor sie geborgen und schließlich im Türmchen auf der Kirche angebracht werden konnte.

TIPP

Ein Rundweg, auf dem man kleine Verse aus der Bibel lesen kann, führt um die Kirche.

● Holy Trinity Church, Church Street, Old Belvidere, 6571 Knysna

Hotspot der Wale

67 Auf dem Klippenpfad bei Hermanus

Um 1800 bereiste ein Hirte namens Hermanus Pieters aus dem Caledon-Gebiet die Gegend, weil er auf der Suche nach neuem Weidegrund für sein Vieh war. Bald fand er, was er gesucht hatte, und kehrte in sein Dorf zurück, selig über das Stück Paradies, das er entdeckt hatte. Nicht lange danach strömten andere Schäfer und Fischhändler zu dem Küstenfleck, und schon bald entstand eine Ansiedlung, deren ursprünglicher Name Hermanuspietersfontein war. Irgendwann war man jedoch der überlangen Adresse müde und das 1891 gegründete Dorf verkürzte den Namen auf „Hermanus".

Heutzutage ist der Name ein Synonym für einen der weltbesten Orte, um von Land aus Wale zu beobachten. Allerdings geht das nicht das ganze Jahr über: Die „Walsaison" dauert von Juni bis Dezember. Während dieser Monate hat man die Chance, Hunderte Glatt- und Buckelwale in die Gewässer vor Hermanus ziehen zu sehen. Vom sogenannten Cliff Path – einem 15 Kilometer langen Pfad, der bekannte Spots wie Gearing's Point, Old Harbour, Roman Rock, Silver's Point und Voëlklip miteinander verbindet – können die grauen Giganten hervorragend in Augenschein genommen werden. Der Klippenweg startet im Ort und verläuft oberhalb der Küste. Am besten nimmt man ein Fernglas mit, setzt sich auf eine der vielen Bänke am Weg und erlebt die Wartezeit als reizvolle Mußestunden in der Natur. Vorfreude ist schließlich die schönste Freude.

Aufregend wird es, wenn plötzlich riesige schwarze Schatten unter der Wasseroberfläche sichtbar werden oder die Rücken und Flossen der Wale aus dem Wasser auftauchen. An der Seepromenade künden sogenannte Whale Criers die herannahenden Walherden durch Tuten in ein Kelphorn an. Die Rufer, äußerlich erkennbar durch einen Lederhut mit einer stilisierten Walflosse, sind eine Art lebendiges Wahrzeichen von Hermanus.

TIPP

In unmittelbare Nähe der Wale gelangt man auf den Bootstouren, die in Hermanus starten.

● Cliff Path, Westcliff Road, 7200 Hermanus

Kontinent in Miniatur

68 Am Aussichtspunkt Map of Africa

Es gibt Landstraßen, da sitzt man am Steuer und das Fahren fühlt sich so entspannt an, dass man das Ziel fast aus den Augen verliert. Die Musik ist auf leise gestellt, man geht guten Gedanken nach oder führt angeregte Gespräche, während draußen die Landschaft in kinoreifen Bildern vorbeihuscht. So geht es einem auch auf der Garden Route, wo man nicht zögern sollte, immer wieder anzuhalten, um die Eindrücke länger auf sich wirken zu lassen.

Nahe dem Ort Wilderness kann man von oben auf den Kontinent schauen, auf dem man steht. Afrika. Hört sich seltsam an? Nur, solange man noch nicht dort gewesen ist. Der Aussichtspunkt Map of Africa auf den Wilderness Heights zwischen Knysna und George gewährt einen Blick auf eine eindrucksvolle Szenerie: auf die Umrisse Afrikas, geformt vom Lauf des Kaaimans-Flusses. Es wirkt so, als hätte die Erdevolution sich hier einen kleinen Spaß erlaubt und aus Bergen und Wäldern eine landschaftliche Miniaturausgabe des Kontinents gebildet. Die Schleife, die der Kaaimans River an dieser Stelle beschreibt, könnte das Kap von Afrika sein, dahinter die angrenzenden Länder Namibia, Botswana, Simbabwe und Mosambik. Faszinierende Fotomotive sind garantiert, denn auch in entgegengesetzter Richtung bietet sich ein wunderbarer Blick über das Meer, den Ort Wilderness und die Garden Route.

Das ist aber noch nicht alles: Ganz in der Nähe des Aussichtspunkts starten bei guten Wetterverhältnissen die Gleitschirmflieger, die die ohnehin sehr schöne Kulisse mit ihrem Flug beleben. Man kann beobachten, wie sie sich in die Luft erheben, wo sie wie riesige Vögel im Blau des Himmels schweben. Wenn man selbst höher hinauswill, gibt es die Gelegenheit, einen Tandemflug zu wagen. Ein ausgebildeter Pilot steuert das Fluggerät, als Gast „sitzt" man vorne. Hoch über der Erde und angetrieben vom Wind, ist diese Perspektive auf Afrika nicht mehr zu toppen.

● Map of Africa Viewpoint, Remskoen Street (von der N 2 in Wilderness rechts in die George Road, an der T-Kreuzung links), Hoekwil, 6538 Wilderness

Map of Africa
Kaart van Afrika

Höhlenabenteuer

69 Die Grotten im Naturschutzgebiet Walker Bay

Afrika ist die Wiege der Menschheit. Auf dem Kontinent, der zu Urzeiten zum größten Teil von tropischem Regenwald bedeckt war, traten die ersten Menschen vor etwa 6 Millionen Jahren in Erscheinung. Ebenfalls in Afrika entstand vor 500.000 Jahren der moderne Frühmensch, der Homo sapiens. Er verließ irgendwann seinen Heimatkontinent, zog nach Indien und weiter in den Nahen Osten. Schließlich besiedelte er die ganze Welt.

Nicht ganz bis zum Anfang, doch weit in die Frühgeschichte unserer Vorfahren kann man in den Klipgat-Höhlen im Walker Bay Nature Reserve eintauchen. Das Gebiet durchzogen vor etwa 85.000 Jahren die Menschen der Mittleren Steinzeit und ließen sich für 30.000 Jahre dort nieder. Zu den bedeutendsten Entdeckungen in den Höhlen zählen einige der frühesten Funde von menschlichen Überresten des Homo sapiens, die Archäologen je aufgespürt haben. Vor 2000 Jahren wurden die Höhlen noch einmal von Khoi-Hirten bewohnt – darauf wiesen Überreste von Tierknochen und Gegenständen hin.

Die Klipgat-Höhlen sind aber nicht nur ein frühgeschichtlich bedeutsamer Ort, sondern sie sind von mystischer Schönheit – hervorgerufen durch ihre fensterartigen Öffnungen, durch die man spektakuläre Ausblicke nach draußen auf das aufgewühlte Meer der Walker Bay werfen kann. Ein Glücksort, der es möglich macht, aus dem Dunkel der Vergangenheit in die helle Gegenwart zu schauen, um sich bewusst zu machen, wie wunderbar es ist, im Hier und Jetzt zu leben. Schon der rund 7 Kilometer lange Rundweg von Gansbaai entlang der Küste ist ein vielversprechender Auftakt für dieses außergewöhnliche Höhlenabenteuer. Am Ende führt ein Pfad über Steine und durch enge Felsdurchgänge – immer wieder muss man den Kopf einziehen und sich schmal machen, um zu den Hohlräumen im Felsen zu gelangen. Im Inneren gibt es einen Rundweg mit hervorragenden Infotafeln zur Geschichte der Höhlen und ihrer Bewohner.

● Klipgat Caves, Walker Bay Nature Reserve, 7220 De Kelders

Die Big Five entdecken

70 Auf Safari im Gondwana-Wildreservat

Afrika ohne Safari? Kaum vorstellbar. Um die Big Five zu sehen, muss es nicht immer der Kruger-Nationalpark sein. Von Mossel Bay – dem Startpunkt der Garden Route – in etwa 25 Autominuten erreichbar, ist das Gondwana Private Game Reserve, ein Ort, der sich perfekt eignet, um sich mit dem *wildlife* des südlichen Kaps vertraut zu machen. In dem rund 11.500 Hektar großen, umzäunten Fynbos-Reservat sind Löwe, Nashorn, Leopard, Büffel und Elefant beheimatet, außerdem wurden weitere gefährdete Tierarten wie Kap-Bergzebras, Kudus, Flusspferde und Kapbüffel wieder angesiedelt. Auch südafrikanische Geparden, die in freier Wildbahn geboren wurden, haben hier einen geschützten Lebensraum gefunden.

Leider ist die Wilderei in Südafrika zu einem ernsten Problem geworden. Vor allem Nashörner, für deren Hörner auf dem Weltmarkt teilweise ein doppelt so hoher Preis wie für Gold gezahlt wird, sind stark gefährdet. Mit einer speziellen Initiative unterstützt die Gondwana Conservation Foundation Schulungen zur Bekämpfung der Wilderei und den Aufbau einer Nashorn-Zuchtpopulation. Bei allem Luxus, den die Private Bush Villas, der Wellnessbereich – der Bush Spa – und die hervorragende Küche des Big-Five-Reservats bieten, sollte dieser Fakt nicht übersehen werden.

Eine Besonderheit sind neben den üblichen Jeeptouren in die Wildnis die Tageswalks, die zwischen 2 und 5 Stunden dauern und von erfahrenen Rangern geführt werden. Die reiche Tier- und Pflanzenwelt des Schutzgebietes, das im Norden von den majestätischen Outeniqua- und Swartbergen umgeben ist, lässt sich auf dieser Buschwanderung unmittelbar erforschen. Ein Highlight ist es, den verschwitzten Körper am Ende des Tages draußen abzuduschen, um dann erschöpft von der sportlichen Tour in ein komfortables Bett zu sinken. Glücksgefühle sind garantiert, wenn man unter dem Sternenhimmel der Südhalbkugel einschläft!

● Gondwana Private Game Reserve, R 327, 6500 Mossel Bay

Das Herz der Lagune

71 Waterfront an der Garden Route – Knysna Quays

Auch Knysna verfügt über eine Waterfront, die aber sehr viel kleiner und weniger spektakulär als die von Kapstadt ist. Der eigentümliche Name des malerischen Ortes entstammt übrigens der Sprache der Khoi, Südafrikas Ureinwohnern, und bedeutet wahrscheinlich „Ort des Holzes", was auf die ausgedehnten Waldgebiete rund um die Kleinstadt zurückzuführen ist. Obgleich mit Kapstadts Marina nicht vergleichbar, ist Knysna Quays dennoch ein Glücksort: Es gibt etliche hübsche Plätze, wo sich bei einem Glas südafrikanischen Weins der atemberaubende Blick auf die Lagune genießen lässt.

Die Bucht ist knapp 18 Quadratkilometer groß und durch eine enge, felsige Einfahrt – gebildet von zwei Sandsteinformationen, den sogenannten Knysna Heads – mit dem Indischen Ozean verbunden. Die Landschaft entlang des Wassers ist wunderschön. In ihrem Herzen befindet sich die Waterfront mit verschiedenen Geschäften, Boutiquen für Designerkleidung, Juwelieren, Kunstgalerien und Feinkostläden. Und vielen Restaurants, wo frischer Fisch und Meeresfrüchte ganz oben auf der Karte stehen. Allen voran Austern. Knysna gilt als Oyster Capital, wohin sich in der Hauptsaison zwischen April und September Tausende Feinschmecker begeben, um die Edelmuscheln zu probieren.

TIPP

Am Hafen starten 90-minütige Oyster-Bootstouren, bei Austern-Snacks gibt's alle Infos zur Muschel.

Die Waterfront ist auch Ausgangspunkt für verschiedene Aktivitäten im und am Wasser: Bootsfahrten durch die Lagune, Whale-Watching-Touren, kurze Segeltörns bei Sonnenuntergang mit Abendessen. Über eine Brücke gelangt man auf Thesen Island, das sich zu einem beliebten Erholungsgebiet entwickelt hat. Es bietet erstklassige Restaurants und das einzigartige Turbine Boutique Hotel, das ursprünglich ein Kraftwerk war, das die gesamte Region mit Energie versorgte. Aber häufig gilt auch bei Aktivitäten, dass weniger mehr ist: Dann genügt es, einfach im Hafen zu sitzen und die Boote ein- und ausfahren zu sehen – süßes Nichtstun mit Blick auf das Wasser, den Himmel und die Segler.

● Knysna Quays, 21 Waterfront Drive, 6570 Knysna
www.waterfrontknysna.com

"Milkshakes"
R35
R30

Im Land der Fynbos

72 Das Naturschutzgebiet Grootbos

Südafrika beeindruckt immer wieder durch seinen landschaftlichen Reichtum und seine Schönheit – wenn man verschiedene Gebiete durchfährt, kann man über die vegetative Vielfalt nur staunen. Wald, Karoo und Grasland sind nur einige der insgesamt acht terrestrischen Biome – unter diesen ist der vorherrschende Vegetationstypus der Fynbos. Evolutionär betrachtet ist der Fynbos auch eines der weltweit ältesten Biome und bringt faszinierende Arten wie Erika, grasähnliches Restio und die berühmte Protea hervor. Einstmals hat das einheimische Fynbos-Ökosystem weite Bereiche des Kapgebiets bedeckt – in dem rund 2500 Hektar großen Grootbos Private Nature Reserve hat es in zentrierter Form überdauert. Versteckt in sanften Hügeln, hat sich das Reservat dem Erhalt, der Erforschung und dem Schutz des Fynbos verschrieben. Es gibt einen Protea-Wanderweg, auf dem man 1,5 Stunden lang die ausgedehnte Fynbos-Landschaft für sich entdecken kann. Zu jeder Jahreszeit steht im Fynbos irgendetwas in Blüte und mit etwas Glück ist es eine der über 100 Protea-Arten.
Die Luft ist erfüllt vom betörenden Duft der saisonalen Blumen, nicht selten kann man in dieser Abgeschiedenheit Insekten und Nektarvögel bei der „Arbeit" beobachten. Als Gast einer der beiden Fynbos-Farmen hat man die Möglichkeit, an diesem zauberhaften Glücksort länger zu verweilen und morgens mit dem weiten Blick über die Pflanzenwelt bis zur Walker Bay aufzuwachen. Die gekonnt in die Natur integrierten Lodges sind Fünf-Sterne-Häuser, deren Besitzer Komfort, biologisch inspirierte Gastronomie und erstklassigen Service mit Engagement im Naturschutz verbinden. Die Exklusivität hat leider ihren Preis. Doch einen Aufenthalt in der Garden oder Forest Lodge kann man sich für besondere Gelegenheiten wie beispielsweise den Honeymoon aufheben.

● Grootbos Private Nature Reserve, R 43, 7220 Gansbaai, Tel. +27 (28) 3 84 80 53
www.grootbos.com

Durch den Urwald ...

73 Die Sieben-Pässe-Tour von George nach Knysna

Sieben auf einen Streich – das mag Glück bringen. Auf jeden Fall ist die Fahrt auf der Seven Passes Road durch das reizvolle Hinterland zu Füßen der Outeniqua-Bergkette ein lohnender Trip. Man weicht zwischen den Orten George und Knysna von der Garden Route ab und passiert auf der alten, 75 Kilometer langen Verbindungsstraße die sieben Schluchten. Die Straße ist abwechselnd geteert und geschottert und mit einem normalen Pkw gut befahrbar.

Obgleich man in einem modernen Vehikel sitzt, kommt man sich ein wenig vor wie im „Dschungelbuch". Es geht immer wieder durch ausgedehnte urwaldähnliche Vegetation, wo das Dickicht undurchdringlich, geheimnisvoll und von fremdartigen Lauten erfüllt ist. Da auf der Seven Passes Road die Höchstgeschwindigkeit zwischen 60 und 80 Kilometern pro Stunde liegt, kann man bei offenen Fenstern fahren und in den Fahrtwind lauschen. Sind es Affen, die im Niederholz kreischen, oder exotische Vögel?

Auf der Strecke sind insgesamt zehn Flüsse zu überqueren, die Brücken stammen noch aus der Zeit des englischen Königs Edward VII. Bevor Thomas Bain, Südafrikas berühmter Straßenbauingenieur, die Seven Passes Road samt Brücken 1867 anlegte, waren Flussquerungen bei starker Strömung eine riskante Unternehmung. Damalige Reisende beschrieben die gefürchtete Flusspassage am Kaaimansgat Pass – dem siebten Pass – voller Abneigung. Kein Wunder, dass der Kaaimans River auch unter dem Namen „Kehrum-Fluss" bekannt war, denn viele Reisende packte beim Anblick der tiefen Schluchten und des zerklüfteten Geländes die Angst. Sie machten kehrt und fuhren lieber zurück, als die Gefahr der Weiterreise auf sich zu nehmen. Die Brücke mit dem Wappen von König Edward VII. wurde im Jahr 1970 zum Nationaldenkmal erklärt. Wie glücklich kann man sich schätzen, sie und andere steile Stellen heutzutage bequem mit dem Wagen nehmen zu dürfen!

● Seven Passes Road, zwischen 6530 George und 6570 Knysna

Shoppen wie anno dazumal

74 Onkel Sams Gemischtwarenladen in Stellenbosch

So wie Oom Samie Se Winkel müssen Supermärkte anno 1900 ausgesehen haben – sie hießen Krämer- oder Gemischtwarenläden und in ihrem Sortiment gab es nichts, was es nicht gab. Von Postkarten und alten Münzen über bunte Bonbons in Gläsern, getrocknete Fische an Stangen bis hin zu Kleidung, Schmuck und den besten Weinen der Region. Wem der Koffer auf der Reise nach Südafrika abhandengekommen ist, der kann sich hier komplett neu ausstatten. Schuhwerk und Hut inklusive. Um den Laden betreten zu können, muss man einen Klingelknopf drücken, und sobald man drinnen ist, weiß man nicht, wohin man zuerst schauen soll. Kuriositäten sind neben Delikatessen aufgereiht, Altes neben Neuem. Auf den Regalen stehen selbst gemachte Marmeladen, aber auch Krokodil- und Springbockpastete. Die beliebteste Ecke im Laden ist der Gewürzraum, der vielversprechend duftet. Die verschiedenen exotischen Aromen werden aus dem Bo-Kaap-Viertel in Cape Town an Oom Samie Se Winkel geliefert.
In der hübschen Universitätsstadt Stellenbosch ist der verwinkelte Krämerladen eine Institution, denn er gilt als das älteste Geschäft im Ort und ist ein lebendiges Museum. Untergebracht in einem lang gestreckten historischen Gebäude, wurde er 1904 von Samuel Johannes Volsteedt eröffnet. Wegen eines Rückenleidens war er für die Landwirtschaft ungeeignet und so entschloss er sich, als Händler zu arbeiten. Samuel hatte ein sanftes, fürsorgliches Naturell. Wenn er von Kunden erfuhr, dass jemand krank war, steckte er gratis ein paar Süßigkeiten in die Einkaufstasche. Daher wurde er von allen Oom Samie – Onkel Sam – genannt. Obgleich er offiziell als „S. J. Volsteedt, Allgemeiner Händler“ firmierte, wurde sein Geschäft an der Dorp Street bald als Oom Samie Se Winkel (Onkel Sams Geschäft) bekannt. Und so ist es in über 100 Jahren bis heute geblieben.

● Oom Samie Se Winkel, 84 Dorp Street, 7600 Stellenbosch
www.oomsamiesewinkel.co.za
● ÖPNV: Bahnhof Stellenbosch

Tierisch gut

75 Landcharme im Boutiquehotel Rothman Manor

Auf Südafrikas Garden Route kann man sich einem meditativen Fahrstil hingeben, die Überlandstraße ist leicht befahrbar, aber langweilig wird es nie. An allen Ecken und Enden hält dieser Roadtrip Überraschungen bereit – von traumhaften abgeschiedenen Küstenabschnitten über dichte Pinienwälder bis hin zu modernen Einkaufszentren und bohemehaften Künstlercommunitys. Die abwechslungsreiche Autoreise lässt sich durch einen Aufenthalt an einem malerischen Glücksort noch versüßen. Das Rothman Manor am Ortsrand von Swellendam ist ein Boutiquehotel mit dem Charme eines kleinen Landsitzes, umgeben von einem 3,5 Hektar großen Park. Die historischen Häuser im kapholländischen Stil stehen unter Denkmalschutz, insgesamt gibt es nur sechs Zimmer beziehungsweise Suiten. Sie sind großzügig und in einem geschmackvollen Mix aus antikem und modernem Interieur gestaltet – für den gebotenen Komfort sind die Übernachtungspreise erstaunlich moderat. Sobald man die Fenster seines Zimmers öffnet, dringt munteres Vogelgezwitscher herein. Das macht Lust, gleich nach der Ankunft die Koffer unausgepackt stehen zu lassen und den Park zu erkunden.

Die romantische Gartenlandschaft verfügt über einen Teich mit Seerosen und über ein Gehege mit Antilopen und Zebras. Wer sich mit dem Gedanken trägt, den nur 5 Kilometer entfernten Bontebok National Park mit seinem reichen Bestand an Bunt- und Springböcken, Rehantilopen und Bergzepras zu besuchen, kann sich in Rothman Manor schon einmal auf die heimische Tierwelt einstimmen.

Den Aufenthalt in diesem kleinen Paradies langsam angehen zu lassen, geht natürlich auch: An schattigen Plätzen stehen Liegestühle bereit oder man kühlt sich im Salzwasserpool ab. Selbst wenn die Reise schon am folgenden Tag weitergeht, sorgen einige Stunden an diesem ruhigen Ort für Entspannung und Erholung. Das reichhaltige Frühstück unter Eichen ist dann ein herrlicher Auftakt für die nächste Etappe auf der Garden Route.

● Rothman Manor, 268 Voortrek Street, 6740 Swellendam, Tel. +27 (28) 514 27 71
www.rothmanmanor.co.za

Neugieriges Federvieh

76 Straußenfarmen bei Oudtshoorn

Rund um Oudtshoorn gibt es angeblich die höchste Anzahl von Straußen weltweit: Etwa eine halbe Million Tiere leben auf den Weiden. Das mag daran liegen, dass der Ort im Gebiet der Kleinen Karoo schon seit langer Zeit eine Hochburg der Straußenzucht ist. Die Wüstenvögel fühlen sich in dem warmen und trockenen Klima wohl, sie ernähren sich bevorzugt von Pflanzen, Samen, Blättern und Früchten. Aufgrund des „Federbooms" erlebten die Straußenfarmen vor 100 Jahren einen großen wirtschaftlichen Aufschwung. Damals war es bei schicken Städterinnen Mode, sich mit prächtigen Straußenfedern zu schmücken. Die südafrikanischen Farmer wurden erst reich und gerieten dann in finanzielle Schwierigkeiten, als ihre fedrigen Erzeugnisse nicht mehr en vogue waren.

Heutzutage werden Afrikanische Strauße auf den Farmen rund um Oudtshoorn vornehmlich wegen ihres beliebten fettarmen Fleisches gezüchtet, dessen Geschmack an zartes Rindfleisch erinnert. Die Haut der Tiere wird zu hochwertigen Lederwaren verarbeitet. Wenn man mit dem Auto durch die Kleine Karoo unterwegs ist, dann sind die vielen Vögel ein lustiger Anblick, denn sie recken ihre langen Hälse über die Zäune und beäugen neugierig die Besucher. Einige der lokalen Straußenfarmen wie die Cango Ostrich Farm haben sich darauf spezialisiert, interessierten Gästen alles Wissenswerte über Aufzucht, Haltung und Verwertung des größten lebenden Vogels nahezubringen.

Auf der Safari Ostrich Farm geht es per Traktor über das Gelände – inklusive Besuch der Kükenaufzuchtstation und der Präsentation verschiedener Straußenarten, darunter der seltene Albino-Strauß. Manch einer der großen Laufvögel steckt vorwitzig seinen Schnabel in den offenen Traktoranhänger, um sich etwas Futter zu schnappen. Strauße sind jedoch selten aggressiv, sie zeigen sich eher anhänglich, ruhig und neugierig. Früher war es möglich, auf den Vögeln zu reiten, das ist in Südafrika seit einiger Zeit aus Tierschutzgründen untersagt.

● Cango Ostrich Farm und Safari Ostrich Farm, R 328, 6620 Oudtshoorn
www.cangoostrich.co.za, www.safariostrich.co.za

Wasser, Sand und Falter

77 Am Küstenort Brenton-on-Sea

Einstmals wurde das Gebiet, das heute als Garden Route bekannt ist, von den indigenen Khoisan-Stämmen bewohnt. Später waren es die europäischen Siedler, die den gesamten Landstrich Garden Route nannten, denn sie waren von den üppigen grünen Wäldern mit ihrer großen Anzahl an verschiedenen Pflanzen beeindruckt. Der Name etablierte sich im Laufe der Zeit und wurde von Reisenden übernommen, die von der ursprünglichen Schönheit der Gegend fasziniert waren.

Die Landschaft hat ihren Reiz bis heute nicht verloren. Als einer der schönsten Strände der Garden Route gilt der von Brenton-on-Sea. Warum nicht die Fahrt an diesem idyllischen Küstenort unterbrechen und bei einem ausgedehnten Strandspaziergang die frische Meeresbrise einatmen? Von Brenton-on-Sea kann man am Strand entlang nach Buffels Bay laufen, hin und zurück sind es etwas mehr als 10 Kilometer. Falls möglich, sollte man die Strecke bei Ebbe zurücklegen, wenn der Sand hart ist. Sowohl in Brenton-on-Sea als auch in Buffels Bay gibt es tolle Restaurants, wo eine Wegzehrung eingenommen werden kann, ehe es an dem langen Strand mit seiner starken Brandung retour geht. Bekannt ist die Gegend auch für den Brenton-Blue-Schmetterling, einen der seltensten Falter der Welt. Für ihn wurde 1998 ein 2 Hektar großes Reservat eingerichtet, doch selbst in diesem geschützten Raum ist die Anzahl der Schmetterlinge in den letzten Jahren alarmierend zurückgegangen.

Das Brenton Blue Butterfly Reserve kann zu festgelegten Zeiten und nach vorheriger Anmeldung besucht werden. Mit seinem dichten Bewuchs an Candlewood-Bäumen und der speziellen Fynbos-Vegetation aus der Familie der Asteraceae ist es ein faszinierendes Habitat. Man hat nicht nur die einmalige Chance, den seltenen Brenton-Bläuling zu Gesicht zu bekommen, sondern eine Vielzahl anderer Insekten sowie Säugetier- und Vogelarten.

● 6571 Brenton-on-Sea

● Brenton Blue Butterfly Reserve, 453 State President C R Swart Road, 6571 Brenton-on-Sea, www.brentonbluetrust.co.za

Im Erdinneren

78 In den Tropfsteinhöhlen bei Oudtshoorn

Vor etwa 100 Millionen Jahren begann Wasser aus den riesigen Kalksteinvorkommen unter dem massiven Swartberg-Gebirge zu sickern. Tropfen für Tropfen wuchsen die Stalaktiten nach unten und bildeten durch das herabfließende Wasser die Stalagmiten – ein unendlich langwährender Prozess, der die spektakulären Cango Caves bei Oudtshoorn hervorbringen sollte. Die Höhlen gehören zu den ausgedehntesten und schönsten Tropfsteinhöhlen weltweit und teilen sich in drei Abschnitte: Die erste große Halle ist fast 100 Meter lang und bis zu 18 Meter hoch. Cango 2 erweitert das System um 270 Meter und Cango 3 fügt eine weitere 1600 Meter lange Abfolge von Kammern hinzu. Es ist ein unvergessliches Abenteuer, diese geheimnisvolle Welt aus bizarren Steinformen zu erkunden.

Mal erinnern die felsigen Auswüchse an Orgelpfeifen, mal an gefrorene Wasserfälle, dann wieder an eine Eistüte – dieses Märchenland im Inneren der Erde ist wahrlich ein Glücksort. Die Bezeichnungen der Tunnel und Gewölbe weisen darauf hin, was einen erwartet: Devil's Chimney (Teufelskamin), Ice Chamber (Eiskammer) oder auch Tunnel of Love (Liebestunnel), weil es schließlich so eng wird, dass man sich von den Steinen umarmt fühlen darf. Doch nicht nur der Anblick der durch Lichtspots in Szene gesetzten Wände ist ergreifend, die Akustik der Halle kann mit jedem Konzertsaal konkurrieren. Um das zu demonstrieren, stimmen die Tourführer gerne ein Lied an. Gänsehauterlebnis! Um einen kleinen Eindruck von dem einzigartigen Höhlensystem zu gewinnen, ist es ausreichend, eine Heritage Tour zu buchen. Bei diesem 1-stündigen Spaziergang geht man die ersten sechs spektakulären Säle ab. Die Adventure Tour führt dagegen tiefer in das Innere hinein, allerdings muss man sich teilweise durch sehr enge Stellen zwängen, was nicht jedermanns Sache ist. Vor allem nicht, wenn man Platzangst hat. In diesem Fall ist es besser, die gemütlichere Variante zu wählen – auf dieser gibt es genug zu sehen.

● Cango Caves, R 328, Cango Valley, 6625 Oudtshoorn
www.cango-caves.co.za

Die Berge rauf und runter

79 Die Vier-Pässe-Tour ab Stellenbosch

Die Bezeichnung Vier-Pässe-Tour klingt nach einer unwegsamen Geländefahrt, doch dahinter verbirgt sich eine malerische Rundtour, die durch die weitläufigen Wein- und Obstanbaugebiete am Kap führt. Beginnend mit dem Helshoogte Pass östlich der Ortschaft Stellenbosch geht es weiter über den Franschhoek und den Viljoen's Pass und schließlich über den Sir Lowry's Pass – die etwa 230 Kilometer lange Strecke kann mit dem Auto in wenigen Stunden bewältigt werden. Zeit für Fotostopps aber sollte sein. Die Region – ohnehin reich an schönen Landschaftsansichten – bietet auf der Vier-Pässe-Tour weitere spektakuläre Panoramablicke auf Berge, Täler und Felder.
Die Ortschaften auf dem Weg sind ebenfalls sehenswert, allen voran Franschhoek, was übersetzt „französische Ecke" bedeutet. Denn einst begannen die eingewanderten französischen Hugenotten in diesem Tal mit dem Anbau von Weinreben und sorgten so für eine erhebliche Qualitätssteigerung des damals mittelmäßigen südafrikanischen Weins. Noch immer gibt man sich in dem kleinen Franschhoek dem Savoir-vivre hin, es existieren über 20 erstklassige Restaurants und ebenso viele Weingüter, deren Namen auf den französischen Ursprung hinweisen: La Motte, Haute Provence, Dieu Donné, um nur einige zu nennen. Mittels Wine Tastings können die Erzeugnisse vor Ort gleich probiert werden. Aber wer traut sich nach ein paar Gläsern, die Pässe-Tour fortzusetzen?
Eine Verkostung etwas anderer Art könnte eine sinnvolle und genussreiche Alternative sein: An Franschhoeks Hauptstraße liegt die Schokoladenmanufaktur Huguenot Fine Chocolates, die selbst gemachte Pralinen und Schokolade verkauft. Zweimal täglich sind Besucher eingeladen, bei „The Chocolate Experience" die süße Ware zu kosten. Im Preis inbegriffen ist für jeden Gast auch ein Doppelpack Pralinen – zuckersüßer Proviant, um als Nächstes den 701 Meter hohen Franschhoek Pass zu meistern.

● Four Passes Tour (Helshoogte, Franschhoek, Viljoen's und Sir Lowry's Pass), Startpunkt an der R 310, 7599 Stellenbosch

Farmerlebnis im Karoo

80

Im Gästehaus „Die Fonteine" in Schoemanshoek

Wenn man etwa 15 Kilometer hinter Oudtshoorn von der R 328 abbiegt und langsam auf The Fonteine Guest House zurollt, muss man unwillkürlich an „Unsere kleine Farm" denken. Über das Grundstück mit seinen bunt blühenden Sträuchern und Beeten watscheln Gänse und Enten, hinter einem Zaun stehen Schafe und beäugen die ankommenden Gäste. Hübsch überwachsene Lauben laden dazu ein, sich gleich nach der Fahrt an den Tischen niederzulassen und eine Erfrischung zu sich zu nehmen. Spätestens dann weiß man mit dem Blick auf die umliegenden Berge: Dies ist ein Glücksort.

Mitten in der lieblichen Landschaft zwischen dem Outeniqua-Gebirge und den Swartbergen liegt das Gästehaus mit seinen sieben Zimmer, überdies werden zwei Zelte für Glamping angeboten. Diese luxuriöse Art des Campens wird auch in Südafrika immer beliebter: Im Gegensatz zum traditionellen Zelten bietet Glamping komfortable Unterkünfte mit Betten, eigenem Bad und Stromzufuhr. Es ist somit eine perfekte Möglichkeit, die Natur zu genießen, ohne auf Komfort verzichten zu müssen. Was diesen Glücksort außerdem auszeichnet, ist der herzliche Empfang, den die Besitzerin ihren Gästen bereitet. Anzhou vermittelt das Gefühl, nach längerer Abwesenheit zu Freunden zurückzukommen. Verschiedene Süßigkeiten warten auf dem Zimmer, um den kleinen Hunger bis zum Abendessen zu stillen. Ein frisch gepflückter Strauß Rosen aus dem Garten steht zur Begrüßung auf dem Nachttisch. Alles ist sauber und gepflegt.

Wenn eine ausreichende Anzahl an Gästen da ist, wird im Garten ein Braai – das typische südafrikanische Grillen – veranstaltet. Doch es finden sich auch gute Restaurants in der Nähe. Lust auf richtig Ausspannen? Dann am besten gleich 3 Tage oder länger bleiben – im hinteren Garten stehen Liegen und ein Pool zur Verfügung, die Ruhe an diesem Glücksort ist betörend.

TIPP

Die nahe Schoemanshoek-Kirche mit biblischem Garten – die Pflanzennamen verweisen auf Bibelstellen.

Die Fonteine Guest House, Schoemanshoek, 6620 Oudtshoorn, Tel. +27 (82) 2 55 53 46, www.diefonteine.co.za

Für Alice, Jonathan,
Michele und Max

Bibliografische Informationen der Deutschen Nationalbibliothek
Die Deutsche Nationalbibliothek verzeichnet diese Publikation in der Deutschen Nationalbibliografie; detaillierte bibliografische Daten sind im Internet über http://dnb.d-nb.de abrufbar.

Konzeption/Satz: Droste Verlag, Düsseldorf
Einbandgestaltung und Illustrationen: Britta Rungwerth, Düsseldorf, unter Verwendung von Bildern von © Fotolia.com: jd – photodesign.de; © iStock: Plociennik Robert
Fotos: Esther von Krosigk, außer: Birds of Eden: S. 127; Ceres Rail Company: S. 67; Clay Café: S. 93; Grootbos Private Nature Reserve: S. 151; Oranjezicht City Farm: S. 21; Bruno Rosa: S. 81; Stir Crazy Cooking: S. 31; stock.adobe.com: S. 9 (Arnold), S. 27 (bennymarty), S. 49 (Jean van der Meulen), S. 55 (Christian Dietz), S. 61 (NaDi), S. 91 (dbrnjhrj), S. 95 (Anneleven), S. 131 (Hagit Berkovich), S. 133 (Maria), S. 137 (Subatomicscope/Wirestock Creators), S. 143 (Jose), S. 147 (Boris), S. 163 (Dewald), S. 165 (Grant Duncan-Smith); The Gin Bar: S. 39; Sean B. Wilson: S. 35
Textlektorat: Julia Lorenzer, Rohrdorf

MIX
Papier | Fördert gute Waldnutzung
FSC® C011279
www.fsc.org

Druck und Bindung: LUC GmbH, Greven
ISBN 978-3-7700-2441-4

www.droste-verlag.de